王占山　口述

齐　峰　编撰

百战老兵

王占山口述史

社会科学文献出版社

SOCIAL SCIENCES ACADEMIC PRESS (CHINA)

"七一勋章"获得者王占山

王占山——二级战斗英雄

王占山，七连原三排长，共产党员，在抗美援朝金城反击战守卫"401"高地的战斗中，他带领全排同志英勇奋战，头、腿、嘴等多处受伤后，以惊人的毅力，坚持指挥战斗4昼夜，打退敌两个排至两个营兵力的轮番进攻，顶住了敌人飞机、大炮的狂轰乱炸，誓死守住了阵地。战后，王占山荣立一等功，朝鲜人民共和国授予他"一级国际勋章"，志愿军总部授予他"二级战斗英雄"称号，受到毛泽东同志的亲切接见。

抗美援朝时期，战斗英雄王占山的宣传画

1953年王占山在朝鲜佩戴勋章时的留影

1953年志愿军总部为王占山家中邮寄的立功喜报（正面）

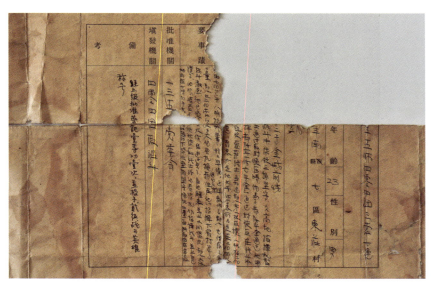

1953年志愿军总部为王占山家中邮寄的立功喜报（背面），记载有王占山英勇事迹

1953年，丰南县为王占山家颁发的锦旗（王占山父亲王凯、母亲冯秀珍分别手持"战斗英雄""祖国好儿女"锦旗）

1953年王占山一家合影留念。父亲王凯，母亲冯秀珍，手持锦旗的分别是三妹王翠兰、四妹王翠萍，正中间的男孩是弟弟王占国

二级英雄

于占和	王占山	方 新	刘保成	孙明芝	邵 沧	张明禄	李育山
于水林	王玉生	支金胜	刘祯金	毕武斌	张文兰	张懋智	李英才
万子扬	王庆琳	冉隆华	刘瑞怀	任西和	张万荣	李国珩	李国福
马忠庆	王兴义	田立明	刘福海	许长友	张来元	李元兴	李洪全
马新年	王克传	平太信	刘凤勇	邱耳林	张希瑞	李 仪	李国玉
马一钧	王 志	龙世昌	刘 钦	邢连富	张民有	李忠先	李树森
马天明	王虎元	卢耀文	刘俊卿	任志明	张宝富	李经盛	李家芝
马寿昌	王保德	叶 君	刘雄和	余 爽	张振华	李洪序	李耘田
马玉臣	王学才	叶永安	衣廷我	宋兰君	张渭良	李 祥	李曙荷
马如华	王锁昌	叶树东	孙子明	陈 志	张 秉	李文参	冷树国
王天保	王景洲	史阜民	朱友恒	陈士荚	张福荣	李云龙	
王合良	毛国臣	刘久恒	朱金池	陈少清	张世秀	李文生	
王保江	邓章德	刘云典	朱溶堂	陈启瑶	张兰亭	李文柱	
王德福	孔繁玉	刘长岭	安炳勋	陈伯悦	张建明	李华云	
王廪林	车臣才	刘石友	关崇贵	陈忠贤	张桃芳	李云汉	
王万夏	牛保才	刘 四	吕益祥	陈开茂	张像山	李太林	
王云义	牛锡浩	刘兴文	吕玉久	陈 吉	张瑞珉	李玉才	
王万阁	尹维勤	刘建华	乔永生	陈德生	陈慨安	李吉武	
王文师	尹东华	刘先子	孙克荣	陈治国	张全合	李寿香	

抗美援朝纪念馆的英雄墙，二级战斗英雄王占山名字（第一排左二）赫然在列

时任135师师长兼政委任思忠（前排右一）视察战斗英雄王占山
（后排右一）战斗过的巨里室北山阵地

1979年5月15日54军召开中越边境自卫反击战庆功大会新老英雄见面场景。从左至右，左一刘瑞林（解放战争英雄），左三王占山（抗美援朝战斗英雄），左二胡绪清、左四潘细腊（皆为中越边境自卫反击战战斗英雄）（照片由原485团团长李德胜提供）

王占山（第二排右二）是485团建团以来的第十三任团长，任职时间由1970年6月至1973年5月（照片由原485团团长李德胜提供）

"金汤桥连"连歌

2021年6月26日河南省委常委、省军区司令员陈兆明少将看望慰问王占山

"金汤桥连"连歌

2021年6月26日河南省委常委、省军区司令员陈兆明少将看望慰问王占山

2021年4月15日河南省军区副政委兼纪委书记刘金来（右一）带队走访慰问王占山

2021年5月13日军委政治工作部同志看望王占山

2021年6月26日安阳军分区政委温伟（左三）、安阳市副市长欧阳报军（右三）等在安阳东站送王占山到北京参加授勋活动

2021年7月2日河南省委常委、省军区司令员陈兆明少将（右一）和河南省人大常委会副主任、安阳市委书记李公乐（左二）等迎接王占山授勋归来

目　录
CONTENTS

引　子　　　　　　　　　　　　　　　　　　　1

一　丰南岁月　　　　　　　　　　　　　　　　4

　（一）艰苦童年　　　　　　　　　　　　　　4

　（二）儿童团长　　　　　　　　　　　　　　6

　（三）民兵队长　　　　　　　　　　　　　　6

　（四）初试锋芒　　　　　　　　　　　　　　8

　（五）参军入伍　　　　　　　　　　　　　10

二　百战老兵　　　　　　　　　　　　　　　11

　（一）攻克锦州　　　　　　　　　　　　　11

　（二）血战天津　　　　　　　　　　　　　20

　（三）衡宝战役　　　　　　　　　　　　　27

　（四）两广剿匪　　　　　　　　　　　　　32

　（五）抗美援朝战斗　　　　　　　　　　　37

　（六）自卫反击作战　　　　　　　　　　　52

　（七）扎根安阳　　　　　　　　　　　　　59

三　离休生活　61

四　授勋归来　67

五　王占山年表　82

六　河南省军区党委作出向王占山同志学习的决定　87

附录　他们心中的王占山　90

一　家人讲述英雄事　90

席蕴兰访谈　90

王克林访谈　99

王秀香访谈　109

我的战斗英雄爷爷　王志博／118

我的姥爷王占山　陈　毅／121

二　袍泽故旧忆当年　127

我的老战友——王占山　冯汝智／127

彪炳青史的荣誉　岳宣义／130

我的老首长王占山　张树平／132

"当兵就是打仗的！"

　　——回忆我的老领导王占山　彭先均／143

我所知道的王占山　曹景山／147

老英雄平凡事　李德胜／150

英雄鼓舞我前进　谭奇成／158

目录
CONTENTS

王占山团长带领我们开垦农场　　　　吴著成 / 163

回忆我的老营长　　　　　　　　　　龙怀明 / 166

接我当兵的人　　　　　　　　　　　陈泽清 / 172

那一年，团长救了我女儿　　　　　　谢文礼 / 177

老营长跟着我们机枪连吃饭　　　　　曾庆贵 / 179

我的榜样王占山　　　　　　　　　　李东江 / 182

难忘的刺杀训练　　　　　　　　　　雷　奇 / 186

士兵眼中的王占山　　　　　　　　　李冀平 / 188

我是首长的警卫员　　　　　　　　　邓彦彬 / 192

老英雄心系孤残儿童　　　　　　　　彭守堂 / 197

我的英雄王伯伯　　　　　　　　　　覃　楠 / 199

引 子

2021年7月2日下午。

河南安阳各界代表齐聚安阳高铁站，他们要迎接一位英雄，一位举国瞩目的共和国英雄。

他就是首届"七一勋章"获得者、安阳军分区百战老兵王占山。

下午4时30分，从北京开来的"和谐号"高铁缓缓停靠在站台。

当身着戎装、胸前缀满勋章的王占山走出高铁车厢时，河南省委常委、省军区司令员陈兆明少将迎上前去，为老英雄王占山戴上花环，他代表省委、省政府对王占山获得"七一勋章"表示热烈的祝贺。省军区政治工作局主任孙先振大校，市委常委、安阳军分区司令员王树文大校，安阳军分区政治委员温伟大校等一并对老英雄表示祝贺。

由老英雄担任校外辅导员的三官庙小学的孩子们也来了，他们也把鲜花和欢呼声献给自己敬爱的英雄爷爷。

时间回溯到3天前，6月29日，首都北京。

天安门前的长安街上，国宾护卫队护送的车队缓缓驶来，人民大会堂门口的台阶上已经铺上了红色的长毯，这是共和国的最高礼遇。

车门打开，行动不便的王占山被挽上轮椅，推行到人民大会堂台阶前时，两旁礼兵上前，合力将轮椅缓缓抬起，庄严地将老兵送入人民大会堂金色大厅。抬进人民大会堂参加授勋，这是国家对老英雄王占山的最高礼遇。

人民大会堂金色大厅，"七一勋章"授勋仪式现场。习近平总书记亲手将"七一勋章"挂在老英雄王占山胸前。

颁奖词这样写道："王占山，战功赫赫的百战老兵，志愿军'二级战斗英雄'，在解放战争、抗美援朝出国作战和中越边境自卫还击战中出生入死、英勇杀敌，一生情系国防事业，永葆革命军人本色。"

92岁的王占山，是全国29名"七一勋章"获得者之一。

王占山，河北省唐山市滦县小赞公庄（1948年12月划归丰南县）人。1947年参军入伍，历任排长、副连长、营长、团长、师副参谋长、副师长、军分区副司令等职，先后参加了辽沈、平津、衡宝、两广、抗美援朝、中越边境自卫还击作战。在抗美援朝金城战役中，他带领战友坚守阵地4天

4夜，打退敌人38次进攻，歼敌400余人，荣获志愿军"二级战斗英雄"荣誉称号，被朝鲜授予"一级国旗勋章"。

2021年7月1日上午8点，庆祝中国共产党成立100周年大会在天安门广场隆重举行。

天安门城楼上，王占山受邀与党和国家领导人一起观礼。

王占山挺直上身，坐在轮椅上，他看到天安门广场中央高高耸立的人民英雄纪念碑，久久注目……

一 丰南岁月

（一）艰苦童年

王占山，1929年10月30日出生于河北省丰南县钱营镇小赞公庄，一个有30多户人家的村庄里最普通的一个农户家庭。据记载，赞公庄村民祖先都是明末从山东移民而来，因村庄地势较高，酷似弓形大钻，故名钻公庄，后改名为赞公庄。庄分前中后小四个部分，其中一个最小的小赞公庄村就是王占山的出生地。

丰南县属于唐山地区，地理位置非常重要，资源极其丰富，是冀东重要的资源产地。日本人对冀东觊觎已久，1931年发动九一八事变后，从控制东北逐渐发展到向关内蚕食，冀东是日军从东北进入华北的踏板。侵华日军铁蹄踏入冀东，丰南县也未能幸免。

王占山出生时，上面已经有两个姐姐了。小占山的降临，给这个农户家庭带来了欢乐，也让贫穷的父母脸上喜悦中隐约增添了忧虑。家里又多了一张嘴，如何让一家人都活下去，是这个家庭面临的最大的问题。

（王占山口述）父亲还把我送到学校去上学，上小学的时候，教书先生给我起了大名"王占山"。我们当时在一个大庙里学习，我大概跟先生学习了两三年认字写字，然后书就读不起了，我就去做小童工贴补家里，给地主家做庄稼活。

当时中国正值全面抗战前夕，军阀混战，民不聊生。王占山的父母是普通农民，因为家庭成员比较多，每年打的粮食都不够吃。家里主要以做豆腐为生，自他懂事起就帮家里做一些农活或者跟着叔叔一起出去做事以补贴家用。后来，小占山到唐山市电厂做童工。

（王占山口述）我那时候小，干不了别的，就和一个老伯看水闸。后来那个老伯回老家了，就剩下我一个人。我一个人就在管水闸，让开闸就开闸，让关闸就关闸。那水里有鱼，我没事就捞鱼，鱼捞出来给我姐夫拿去卖，卖钱补贴生活。当时两个姐姐一个出嫁了，还有两个妹妹、一个弟弟。可惜干了不多久，我也就回家了。

我的家庭那时候也成了一个革命家庭，父亲成了农会主席，叔叔是区小队的队员。我回到家里，在家庭的影响下参加了八路军建立的儿童团。

王占山回忆起自己童年生活的场景时，骄傲的笑容浮现在脸上。

（二）儿童团长

（王占山口述）我那时候是儿童团团长，一次日本鬼子突然把小赞公庄村团团围住，让我们这些孩子们给他们唱歌。我就带领着大家给日本鬼子唱"儿童抗战个个有精神，齐心努力全去打日本"。唱到这儿人家（鬼子包括伪军）就不愿意听了，把我们腿儿吊起来，头朝下往水桶里灌。我知道被灌水不好受，就憋了一口气在水里挺着。

我回到村里头，还是当儿童团团长，帮助八路军搞抗日工作。我们儿童团的孩子们和各自家庭里都对八路军和共产党很拥戴。我就给八路军当情报员，到据点里做侦察。当时，有个农会主任住在我们家里，我们给他打掩护。

（三）民兵队长

站岗放哨、掩护抗日干部过境，还有给八路军送信等工作，让王占山迅速成长起来。因为他表现出色，组织上让年轻的王占山担任了村里的民兵队队长。

（王占山口述）一天区里通知，让支部书记、指导员和我三个人去开会。开完会天都黑了，因为会开的时间比较长，被敌人知道了，敌人来抓我们。我们都往河东转移，但是我不能进家，我家被敌人看住了。支部书记和指导员回家一人拿一床被子。我就到人家的田里头睡觉，不敢在家睡觉。当时正好赶上"治安军"（华北"治安军"又名"华北绥靖军"，俗称"皇协军"，日军华北方面军扶植的一支中国汉奸武装——编者注。）来村里"扫荡"，他们很多人排成一排走，差点踩到了我们，最后到底还是把我们给发现了。我们都是躺在一起的，因为我没有拿被子，他们俩把被子都给我分了一点，我在两人中间，"治安军"就以为在他们中间的是头儿，是大官。"治安军"把我们抓住后，又将被子撕成条给我们绑上了，把我们打了一顿。然后押着我们到北营庄集体开会，开完了会，就把农会的干部和被俘的八路军带到前面，用刀砍杀了四个，让我们就在那看着。最后把我们拉到小赞公庄村，从村西头走到村东头游行示众，"治安军"扛着大刀，把我们推到村东头的小庙台上，准备杀头。我的母亲这时候拼命跑上来，就抱着我的脖子不撒手："你们要杀就杀我，不要杀我儿子！"这时候正好有枪声传来，是游击队在拦截"治安军"抢来的物资。"治安军"很害怕，赶紧占领地形，也顾不上在小庙台上的我们了。

老百姓也炸锅了，也都往家跑。我一看，是个机会！我就踹了支部书记一脚，一路飞奔穿过各家各户的院子跑到村北。当时那里有个碾粮食的石滚子，我站在上边，回头看见支部书记还在那里不动，就喊了一声："跑啊！"这下坏了，"治安军"也听到了，东头的、西头的老坟上架的机关枪就都打了过来。我心想这打死也别喊了，我就赶紧跑到高粱地里头，子弹打得高粱叶哗哗的响。我就这样一直往北跑，在那两家地中间有个界石，我在那就把绳子蹭开了。我一天一宿没吃饭又没有喝水，正好那时候还有没熟的西瓜。我的手被绑的时间太长使不上劲儿，就用脚踹开一个西瓜，吃个水饱。然后我在瓜棚里找到一把镰刀，心想敌人来了我就跟他拼命。我就一直走，走到北屯村见到了我父亲和叔叔，他们正在找我。之后得知支部书记被伪军抓回据点杀害了，想想那时候我命真大。

（四）初试锋芒

王占山顺理成章参加了游击队，在西屯站岗放哨，敌人来了就想办法拖住他们，掩护老百姓隐蔽。区里许多事情都找他处理，主要是送情报一类的工作。

一天区长找到王占山，想让他与侦察排一起去据点里抓一个"舌头"了解情况。

（王占山口述）那时候都快解放了，在钱营镇有个据点。据点都是"还乡团"组织的，还有些正规军，一共有2000多人。我们家乡驻扎着48团，县里就让他们把据点给端了。端据点前也不了解情况，这时候区里派我到48团侦察排，去配合他们抓个"舌头"回来。到了据点，三个侦察员在卖烟酒糖茶的小铺后面，我在前面等着，看敌人谁出来抓谁。过了一会儿，晃晃悠悠地来了一个买烟的。他买了烟往回走，我就在背后假装用枪顶住他，说别动举起手来！他就举起手，我说往后边去，我把他身上驳壳枪给缴了。这是我人生中拥有的第一把枪。然后我带着俘虏到房后，见到三个侦察员，这个家伙就一直求饶，说他家里有80岁老母，别杀他。我说，我们不杀你，跟我们走。然后就押着他走回团部。回到团部一问，这个人是个作训参谋，他什么都知道，我说不杀你，你要老实交代。经讯问，他供出了据点内兵力部署、行动路线图，把据点里的情况都给写出来了，这对我们三天后攻打钱家营据点起到了很大作用。他答应做我们内应，然后我们就把枪和衣服都给他，让他回去。

在获得据点情报后，第三天48团就发起了对据点的攻击。攻下据点总共花了两天时间，据点内主要是地主以及"还乡团"组织的各类人马杂牌军，抗衡不了48团正规军的进攻，敌人死的死伤的伤。我也跟着侦察排一块战斗，把钱家营这个据点给拔掉了。

（五）参军入伍

（王占山口述）这时候日本人投降了，我还跟着侦察排。48团团长认识我，知道了我跟着去抓舌头的"英雄事迹"，就说你就在这儿跟着侦察排吧。我很高兴，就跟着侦察排一块儿，团长想让我直接在团里入伍。区长这时候不干了，说王占山是我们的骨干，我还得把他带回去。团长就直接问我，你愿意回去吗？我说我不回去，我就在侦察排。团长很高兴，区长也没办法，总不能把我绑起来带回去吧。在侦察排待了几天后，东北24师副师长带人到我们那块征兵。我一看，大部队手里的家伙什比我们区游击队、48团的都要好，还是到大部队好啊，然后我就去24师新兵接收处报名，我一报名人家就说行，我就到了24师，成了24师新兵。新兵在九百户那里训练了一阵，然后24师就往东北开了，我被编到老8纵24师71团当了通讯员。到了东北以后，就开始打锦州了。

二　百战老兵

（王占山口述）经历这么多战役战斗，我活了下来，虽然身上很多伤，但是命还在。我的很多战友都牺牲了，我活下来获得再多荣誉都内心有愧，受之不安。那么多牺牲的战友才是真正的英雄，荣誉和功劳应归于烈士，我永远怀念他们。

王占山参军之后，先后参加了辽沈战役（攻克锦州、辽西会战、营口阻击战）、平津战役、衡宝战役、广西剿匪、抗美援朝、中越边境自卫反击战等战役。

（一）攻克锦州

王占山所在部队：东北民主联军8纵24师71团二营四连、三营七连

王占山担任职务：通讯员

王占山参战时间：1948年

王占山参战年龄：19岁

所获荣誉：1948年10月在辽沈战役中荣立大功一次、小功一次

辽沈战役时间：1948年9月12日到11月2日，历时52天

战役成果：歼敌47.2万人，解放了东北三省

辽沈战役自1948年9月12日始至11月2日结束，历时52天，歼灭国民党在东北的军队47万余人，解放了东北全境，为我军解放华北创造了条件。战役中，24师在纵队编成内主要参加了锦州攻坚战和辽西会战，共歼敌6177名，其中俘敌4984名，毙伤敌1193名，为战役的胜利作出了贡献。（摘自《135师师史》第109页）

我团参加了攻前歼薛家屯之敌战斗、攻占东大梁战斗和市区战斗。我团攻占锦州东大梁后，即完成了师赋予我团的战斗任务，对锦州战役作出了重要贡献（摘自《485团团史第20、22页》）

1948年9月，在攻占锦州东大梁战斗中，七连担任团预备队，直到10月14日才得以随团向锦州守敌发起猛烈进攻。七连在上级编成内向锦州城内之敌发起猛烈攻击。当时晨雾弥漫，能见度极差，炮火准备未达到预期效果，只

得让爆破组冒着敌人火力，连续实施爆破。七连爆破组勇敢顽强，趁机向敌布雷区、鹿砦铁丝网等障碍场进行了连续爆破，虽然伤亡很大，但终于炸开三道铁丝网，在障碍中开辟了两条通路。七连突入城内后，参加了火车站战斗，与友邻一起拿下了锦州攻坚战。29日，为阻敌经营口海上南逃，七连不顾疲劳，昼夜急行军，追击逃窜之敌。（摘自《七连连史》第15、16页）

（王占山口述）我入党的时间是1948年8月，入党地点是在东北的五家窝棚村，介绍人是我们七连指导员马占海。当时我很高兴，指导员就领着我宣誓，他说一句，我说一句，当时是在一个小草屋，我是在小草房里入的党。我入党的时候，我父亲、我叔叔都已经是共产党员了。我现在也是党员了，是党员那就必须听党的话，听从党组织指挥，我牢牢记住了入党誓言。

然后我们部队就去打锦州，大军都向锦州集中。我军万炮齐发，就把锦州敌军打乱了。我们这个连就开始向东大梁冲击，从东大梁打到火车站。打到火车站的时候敌人就乱套了，打了两三天。敌人一看也不行了，打到锦州火车站战斗就结束了。我们就往回返，哪里有枪声就往哪里赶。那时候黑山、大虎山那边打得很激烈，我们赶到的时候，黑山、大虎山里头打得差不多了。然后沈阳的敌军部队就出来增援。这样呢我们就直接打敌人沈阳的部队。黑山、大虎山都结束了，敌人就往沈阳跑，我们就追击。几个部队，几个纵队都在那儿打，打乱了。敌人往营口跑，我们就朝营口追。敌人跑的时候把重武器都扔到江里了。我们一直追到牛庄，部队太多了，都乱了，没到营口呢，前面的部队把敌人消灭一部分，敌人跑了一部分。我们到那儿以后就差不多结束了。

在我围攻锦州之时，蒋介石为挽救东北败局，于10月2日抵达沈阳，作解锦州之围的部署。解锦州之围的援军分南北两路，南路11个师约9万余人，北路12个师、3个骑兵旅约12万人。我攻占锦州后，南路之敌被我阻于锦西至葫芦岛之狭窄滩头地区；北路之敌廖耀湘兵团则徘徊于彰武、新立屯一带，企图冒险西进，从锦州葫芦岛夺路由海上逃向关内。

为全歼东北之敌，东北人民解放军于10月23日至11月2日集中力量进行了辽西会战。会战中，24师在纵队编成内主要参加了尖岗子、康家屯阻击和营口追击等战斗，与主力一起为围歼廖耀湘兵团解放东北全境作出了贡献。（摘自《135师师史》第122页）

（王占山口述）当时追击路上的部队太多了，食物紧张，前面的部队把白菜心吃了后边的部队就吃白菜帮，往后再也没有吃的了。我们就跟着指导员往前走，指导员说到前面我给你们要点吃的，走着走着看到树，有树就有人家，我就往前走，来到一户门前，"妈！妈！"这样叫好几声也没人答应，我就进屋了。屋子里有个大盆，我用手一摸还热热乎乎的，当时饿得没办法了也不管三七二十一把枪往脖子一挎，就俩手抓着盆里的食物吃了起来。后面部队也都过来了，好多人都挤过来，我抓了两把就出去了。可是走到外面有亮光的地方一看，发现都是皮子和糠，是给猪做的猪食。我心说我管他啥食呢，能吃饱肚子就行。往前走遇到个老大爷在墙根儿蹲着，他回家去给我拿了几个烙的饼子，我们边吃边追，前面已经解决战斗了，敌人跑了三艘军舰，其他的溃兵都被俘虏了。

战斗结束了，准备在牛庄那儿选一个地方整顿整顿。牛庄是个挺大的村子，老百姓都很积极地给送吃的、送喝的，两边夹道欢迎。当时我在东北立一大功，带个奖章，夹道欢迎的群众都往带奖章的胯兜里塞东西，不是馒头就是苹果，装满了。我往前跑，找着连长和指导员给他们分了。之后部队往前走，在刘庄旁边有一个地方停了下来，部队都在那地方休息。操场也修好了，正准备休整呢，毛主席下命令叫东总的部队进关。这时候我们就开始进关。进关也是夹道欢迎。好多人都在找亲人，拿小灯笼写上名字。有人打快板"东北大军进了关，好比猛虎下高山"。往前走很快就到了唐山，唐山的敌人一看戴大狗皮帽子的，就吓跑了，都放弃抵抗了，我们也没打就往前追了过去。一直走到天津附近一个叫欢坨的地方，在那儿进行练兵，准备打天津。练兵时我是通讯员，练通讯，练侦察，练了一阵子。

王占山所在的71团从锦州外围作战到进入市区战斗，直到辽西会战和营口追击，总共歼敌3300余人，其中俘虏敌军长、师长以下1800人，缴获了大量的武器弹药和军用物资。营口追击战后，东北全境解放。

中央军委11月1日发布全国部队统一番号的命令。8纵改编为中国人民解放军第45军，24师改编为中国人民解放军第45军第135师，所属70、71、72团依次改编为403、404、405团。（摘自《135师师史》124页）

王占山此时在404团三营七连担任通讯员，不到20岁。

图2.1　1948年9月，24师由辽宁昌图八面城出发向锦州开进参加辽沈战役

图2.2　1948年10月14日，24师和友邻部队一起对锦州之敌发起了总攻

图2.3　战士们翻越城垣，向锦州城内发起进攻

图2.4　抓获的敌军俘虏

图 2.5　1948 年 10 月 29 日，24 师为阻敌经营口海上南逃，发扬连续作战的作风，昼夜向营口急行军，追击逃窜之敌

图 2.6　1948 年 11 月 4 日，24 师进至辽宁海城，整编为中国人民解放军第 45 军 135 师，所属 70、71、72 团分别被改编为 403、404、405 团

（二）血战天津

王占山所在部队：中国人民解放军45军135师404团三营七连

王占山担任职务：七连通讯员

王占山参战时间：1948年

王占山参战年龄：19岁

荣誉：荣立大功一次、小功两次

平津战役是从1948年11月29日我人民解放军包围张家口开始至1949年1月31日北平和平解放结束，历时64天，共歼灭和改编了华北敌军52万余人，解放了华北重要城市天津，基本上解放了华北地区，为向全国进军、解放全中国创造了条件。135师参加了天津战役，战中共俘敌8912名、毙敌723名。（摘自《135师师史》第129页）

在天津攻坚战中，七连官兵勇猛穿插，在副团长苏文瑞亲自指挥下，于16日下午5时30分占领了通往天津的唯一通道——天津桥，全歼守敌警备旅180余人，将红旗插上金汤桥，完成了对天津10万守敌的分割任务。天津桥位于天津主城北侧民权门内，是打进天津的必由之路，是我解放军攻克天津的必经之地。国民党守将陈长捷下大力气构建"模范工事"，桥头暗堡如林，街面雷区密布，金汤桥附近的每条街道上都设置有障碍物，每座房屋都有敌人的明暗火力点，组成交叉火力网，同时，周围建筑物内都有重兵把守，随时可以增援桥头。敌人企图依托障碍物和有利地形，扼守金汤桥，阻止解放军前进。在我军对敌最后通牒无效后，东北野战军首长决定砸烂敌人模范工事，抢占金汤桥头。1月14日下午，天津城外，大炮轰鸣，我军对天津守敌总攻开始。我连接到上级命令后，于14日随团从民权门突破口加入战斗，至22时攻占王串场，15日1时占领长江造纸厂，15日3时，我连沿着陈家沟、娘娘庙大街杀向金汤桥。（摘自《七连连史》第17、18页）

1月15日5时30分，我连全部占领金汤桥，将红旗插上了金汤桥。占领金汤桥，标志着天津战役取得了决定性胜利。四十五军发布命令，授予我连"金汤桥连"荣誉称号（该锦旗现陈列于中国人民革命军事博物馆），被师授予"强占金汤桥"锦旗一面。在这次抢占金汤桥战斗中，指导员马占海等100多名同志英勇牺牲，为解放天津献出了自己宝贵的生命，天津人民为了纪念他们，把金汤桥改名为"占海桥"。这次战斗，我连全歼守敌180余名。（摘自《七连连史》第23页）

（王占山口述）我们部队备战准备打天津，一直挖工事，工事已经挖到敌人的战壕旁边。这时候就开始和傅作义谈判，说我们要打天津。傅作义认为我们打不了，说天津那修的（工事）都很好，你们打得了？我们东总的参谋长刘亚楼在谈判桌上就说了，我们现在就打，用不了三天就打下来。

我所在的三营七连是全团尖刀连，任务是占领金汤桥，那里是城里核心工事，全是钢筋水泥筑成，号称固若金汤。连长找了向导，向导跟着去了，走到半道负伤又回来了。这样我们就没有向导了。连长说，没有向导了，我们也要往金汤桥方向追。话音刚落，从旁边出来一个人，说你们上金汤桥，我的任务也是上金汤桥，我带你们去。这个人是天津地下党，结果这个地下工作者就带着我们上前穿插，因为有向导了，我们穿插得就快。半路上有好多关卡、障碍，一直打到长江造纸厂那块儿就不打了，有个高墙堵住了路。连长说准备20公斤炸药包准备爆破。高墙爆破后，从长江造纸厂到船厂，一直打到进天津的那条路，路途中遇到关卡、路障就打，一路打过去。

我们连一直打到金汤桥旁边的警备司令部，指导员马占海说要插红旗，三排就冲进大楼去了，一个也没回来。马占海急眼了，带着三组敢死队往前冲，去插红旗，前两组（敢死队）都被打倒了，旗子也被打倒了，马占海亲自带着第三组冲进去，冲到桥头把红旗插上了。这时候我就看着他被打中，在电线杆子旁倒下了。敌人呼啦啦从警卫司令部冲出来，一排和他们拼起了刺刀。我当时就在现场。我那时拿的是马枪，马枪比较短，带着三棱刺刀。我就站墙脚，这样后面就没后顾之忧，前面有两个敌人就对上我了。我这是一个对两个，我打这个另一个打我，打另外一个这个打我，我怎么办呢？我正想着呢，这时候正好赶上连长过来，他一枪打倒一个，剩下的这个就害怕了。我一跺脚吓了他一跳，他就把枪刺过来，我一个往左挑，"啪"的一下就把他枪打掉了。这小子转头就往回跑，一个大石狮子把他绊倒了，我冲过去从后背给他插进去，就这样我刺死了一个敌人。

　　这会儿天也亮了，敌人警备司令部也放弃了，司令也被抓住了。战友们随着爆炸声、枪声、炮声、欢呼声全冲上金汤桥。桥西头的机枪像放鞭炮一样一直朝着我们这边打。正好我们号目（号手）上来了，跟那边一联络，他们是38军的，在西头，我们在东头。我们就和号目（号手）一块到桥中间，几分钟后对面的友军也到了桥的西岸，他们来了3个人，我们来了56个，在桥头会了师。可不多时就有了争议，谁是金汤桥连？友军将争议反映到战役指挥部，东总首长派了多名领导来现场，看样子是大领导，穿的呢子大衣、戴的狐狸皮毛手套。有拿照相机的、拿笔记本的，那里还没打扫战场，牺牲的战友和国民党死兵都摆在桥上，我们领导就过来了，我们的战士们坐着躺着的都在那里。首长指示双方派一代表讲战况。七连派我，友军派一位干部。东总领导过来以后就问：这个桥谁打下来的，我说我们，是我们七连！东总领导说有啥证明是你们七连打的？我说金汤桥从东到西是我们打下来的，我的战友牺牲在桥上10多人，那个在电线杆旁边牺牲的就是我们七连指导员，叫马占海，这位叫邓宝殿……我连说了4个名字，我从牺牲的指导员马占海上衣袋里掏出了"光荣参战片"给他们看，首长仔细看着"光荣参战片"，跟旁边人一问，也确实是我们七连指导员，然后首长就继续问这个是谁那个是谁，我都翻开战友衣袋给他们看，与我说的相符。首长说不用再看了，足以说明你们是金汤桥连。友军代表未发言就走了。这时几位首长向我先致敬，又握手表示祝贺。之后营部也过来了，团部也过来了，师里都来人了。东总首长用双手跟我握手了，说："确定你们连了，叫你们连都过来照相。"侦察参谋常友（音），他会开汽车，开个大卡车拉着我开到我们连部，叫我赶紧告诉连长去照相，上级首长确定咱们连是金汤桥连了。我进去就跟连长汇报了。连长带领我们连一共还剩下的24个人，一辆大卡车给拉过来桥头照相。军里的、师里的、团里的首长，还有东总的一些首长都一块照相。就在电线杆子那块儿，在那个金汤桥头，全连集合照了张"金汤桥连"大相片，后面掌旗的人是我，我拿着红旗在连长后边，这张照片至今陈列在天津历史博物馆内。相片中只有24人（含司务长、给养员、炊事班），我想念牺牲的战友啊！荣誉是他们用生命换来的！

图2.7 王占山所在部队冲进天津市区

图2.8 王占山所在部队和友邻部队在金汤桥会师

图2.9　135师404团七连在战斗中勇猛穿插，最先抢占金汤桥，被授予"金汤桥连"荣誉称号。该连战后在金汤桥合影（掌旗者为王占山）

图2.10　副军长张天元将"强占金汤桥"锦旗授予七连

图2.11　天津军民庆祝天津解放

（三）衡宝战役

王占山所在部队：45军135师404团三营

王占山担任职务：营通讯员

王占山参战时间：1949年

王占山参战年龄：20岁

天津战役结束后，135师遵照毛主席"将革命进行到底"和"渡江南进、解放全中国"的伟大号召及毛主席、朱总司令《向全国进军的命令》，于4月11日奉命南下，7月底进至江南，并进行作战准备，9月底至10月中旬参加衡宝战役。衡宝战役于1949年9月22日开始，至10月13日结束，历时22天。这次战役，我师歼灭了敌172师师部及两个团，打掉了号称"钢军"的敌七军军部，受到第四野战军总部和兵团首长电奖和表扬。（摘自《135师师史》第148页）

衡宝战役是在湖南衡阳至宝庆（现邵阳市）之间地区进行的一场战役，是横跨开国大典的胜仗。这次战役是在解放战争的战略追击阶段解放湘、粤、桂战役中具有决定意义的一次山地运动进攻战役。404团参加了这场战役，共歼敌2067人，对战役作出了贡献。（摘自《485团团史》第33页）

这次战役是在解放战争的战略追击阶段解放湘、桂、粤战役中有决定意义的一次山地运动进攻战役。全战役从9月22日我军接敌起，30日打响，至10月13日结束，历时22天。1949年10月5日，我团参加大凹地区的三面山、泗水塘阻击战，7日我部在泗水塘阻击尾击我部之敌时，打得最为顽强，共打死敌人167人，战后七连荣获师奖励"能攻善守"锦旗一面。（摘自《七连连史》第28、30页）

衡宝战役是横跨开国大典的一次胜利的战斗，此战与海南岛战役、西南战役并称渡江后三大战役。

（王占山口述）战斗打响后，我们三营在三面山的地方跟敌人打了一天，打退敌人很多次进攻。我们打得很猛，跟敌人进行白刃格斗，虽伤亡很大，但打死敌人近200人，战后七连获师奖励"能攻善守"锦旗一面。我们好几天没吃上一顿饱饭，喝的是稻田的水，不能睡觉，说心里话也不想睡觉，只求打好这场献礼仗。当时减员多，坚守困难，后来增援部队到了，我们胜利信心更大了。当时敌人也慌了神，乱成一团。冲锋号响了，各阵地战友们杀入敌群，吓得敌人纷纷举手投降。我们连抓了300多俘虏，这一仗真过瘾。这天中午总算是吃了顿饱饭，下午又投入战斗。打散的敌兵有缝就钻，很不好找，我们从草堆里、树丛里、山崖缝里把敌人都抓了出来，还消灭了一些散兵。我们打了敌人的一个"钢铁七军"，还缴获了钢洋（银元）几十箱。钢洋是敌人准备在沙村再成立一个军时用的，我们冲进去正好赶上他们庆祝成立大会餐，我们一打敌人就投降了。我们不仅得到钢洋，还俘虏了一个军长和很多新兵。我们伤亡不小，但最后还是取得了胜利。

图2.12　1949年4月11日，我135师从王庆坨出发向江南进军参加衡宝
　　　　战役。图为我师在湖北黄冈过长江

图2.13　部队冒雨向衡宝地区前进

图2.14　1949年10月4日，我135师插入敌后进至衡宝公路以南，切断了白崇禧部"钢七军"南逃之路。图为部队进入黄土铺

图2.15　1949年10月9日，王占山所在404团在黄土铺地区鹿门前将敌7军军部与其172师拦腰截断，并在403团的配合下歼灭敌172师。图为404团战士以机枪、手榴弹痛击敌人

图2.16　1949年10月12日，135师在黄土铺召开庆功大会，
庆祝衡宝战役胜利

（四）两广剿匪

王占山所在部队：45军135师404团三营

王占山担任职务：营通讯员

王占山参战时间：1950年

王占山参战年龄：21岁

新中国宣告成立后，全国大部分地区已获解放，国民党的正规部队也大部被歼灭。但盘踞在广西的桂系军阀竭力加强其统治，妄图割据祖国西南一方。为粉碎敌人企图，消灭桂系军阀，衡宝战役后，135师在45军编成内，乘胜追击，

挺进广西，参加了广西追歼战役和清剿残匪斗争，为巩固新生的人民政权作出了贡献。1949年12月，135师根据中南军区的命令和军的统一部署，进入广西南部六万大山附近地区执行剿匪任务。（摘自《135师师史》第188页、191页）

我团共歼灭匪8000余人，缴枪万余。其中毙匪约2000，俘匪约6000。毙俘匪中，大小匪首500余人，其中仅二连即争取大小匪首108个（包括176师师长曾仲荣）。（摘自《485团团史》第40页）

1至2月份，我团在上级的编成内，负责大瑶山以南，贵县以北之象县、武宣地区。这时，匪众大多慑于我军的神威，惊魂未定，处于隐蔽观望状态，很少公开活动。2月中旬，敌匪开始与国民党溃散人员结合汇股，公开活动，甚至举行武装暴乱，攻打我新成立的区乡政府，杀害干部群众，抢劫公粮，破坏交通。我全营在郁江、金鸡、石龙各清剿战斗中，共歼灭土匪1000余人。部队在1950年5月中旬转入重点进剿阶段。5月10日，参加师指挥的10个营进剿大容山之匪的行动，用分进合击战术，歼匪百余后，匪特分散，又逐步分散清剿。战斗主要在大洪村附近进行，我连歼敌200人，其中俘虏敌团以下、排以上匪首10名，缴获长短枪134支。12月，师部特授予我团七连"军政双全"锦旗一面。6月5日，参加了133师指挥的3个团8个营对博白以西地区的进剿，采用奔袭合围手段，历时10天，和友军一起歼匪千余，余匪分散，又转入搜剿，至7月底又和友军一起，歼匪千余，消灭该地区股匪。（摘自《七连连史》第32、34页）

（王占山口述）我们部队继续追击敌人，追白崇禧追到广西。我们军住在襄县，就在当地进行剿匪。那地方土匪太多了，都是敌人散兵当了土匪。土匪什么武器都有，迫击炮、重机枪，他们原来都是正规军，被打散了当土匪了。我们部队的一个小警卫员想喝点水，就离开部队一会儿，土匪就把这个小警卫员给弄死了。牺牲的战士们不少，七班长冯盼文在城墙上跟土匪拼刺刀，我印象很深。我那时候武器是斯登式冲锋枪，一梭子三十发子弹，身上还带着五个弹夹。武器很好，很轻，百八十米没问题。土匪很狡猾，我们部队剿匪战斗中还是付出了血的代价，土匪大部分被消灭了。到了1952年，上级命令我们部队开到海边，在广东佛山，我们驻在大浦乡康边村。咱们大部分战士都没有文化，都在学习文化。大家学得很起劲儿，一个人要认识二百个字，学了一阵子挺有用，会给家里写信了。生活还挺好，每天都有肉，油也多，炸油条，吃了将近快一年了。我们一边休整一边学文化。1952年蒋介石也没敢登陆。

到了1952年年底，我们接到上级命令，要求部队入朝，参加抗美援朝战争。在武汉火车站发的服装，一上火车就穿，大小号互相换。我们直接坐火车到了丹东，然后就雄赳赳气昂昂跨过了鸭绿江。

图2.17　1949年11月，135师奉命向广西进军，执行剿匪任务

图2.18　进入剿匪区域后，135师工作队迅速发动群众揭发匪患

图2.19　135师工作队张贴标语，发动群众

图2.20　135师剿匪庆功大会

（五）抗美援朝战斗

王占山参加战役时间：1953年7月

王占山所在部队：54军135师404团三营三排

王占山职务：三排排长

王占山参战年龄：24岁

获得荣誉：1953年7月在抗美援朝金城反击战中荣立一等功一次，被志愿军总部授予"一等功国际二级英雄"荣誉称号，并获得朝鲜民主主义人民共和国一级国旗勋章；1955年10月被团中央表彰为"社会主义建设积极分子"，荣获"胜利"功勋荣誉章

1952年10月，为适应抗美援朝战争需要，全军进行野战军整编，45军与44军一部合编，改为54军。135师改称第54军135师。（摘自《135师师史》第220页）

135师于1953年5月2日奉命入朝，参加金城前线反击作战，与中朝军民一起，把敌人彻底赶出了"三八线"，拉直了金城以南战线，从根本上扭转了战局，迫使美国于1953年7月27日在朝鲜停战协定上签字，从而结束了这场战争，实现了朝鲜半岛和平。

金城前线反击战，135师共歼敌6689名，击落、击伤敌

机16架，击毁敌汽车2辆，坦克3辆，缴获各种枪支弹药一批。停战后，135师担负了守卫"三八线"和东、西海岸线防务，至1958年7月撤军回国。在近5年的抗美援朝斗争中，135师胜利地完成了祖国人民赋予的光荣任务，涌现出了一等国际功臣连404团三连、七连和一等国际功臣二级战斗英雄麻俊坤、王占山等一大批英模单位和功臣，为祖国赢得了崇高的国际荣誉。（摘自《135师师史》第219页）

1953年6月12日，135师奉命由西海岸车运至道纳里、后谷一带集结，具体任务有三项：一是配合友军夺取金城川制高点轿岩山；二是配合友军向纵深穿插，攻击敌纵深制高点梨船洞北山；三是支援友邻打敌反扑。部队即以404团、403团、405团的顺序，先后于唐峨山、庆坡山、曲贷里沿龙岩里、官岱里、鸡岩开进至进攻地域。因梨船洞之敌后退南逃，遂挥师向敌纵深猛插至巨里室一带转为防御，阻击敌人。

404团于14日8时30分由唐峨山开进投入战斗。三营阵地位芦洞里东南高地（编号4081）及以北诸无名高地（编号4076、4078），团指于630高地东峰。部队至巨里室北山（编号0112、0111、012、011）占领阵地，构筑工事。梨船洞、芦洞里、巨里室北山一线高地右靠602.2高地，左靠华川通

向金城之运输命脉，背靠金城川，是金城之屏障，为敌攻击的主要目标。（摘自《135 师师史》第 228 页）

七连三排在排长王占山的指挥下，机智灵活地使用兵力、火力打击敌人。他们以少量兵力置于阵地两侧，多数囤集于防炮洞内，减少了敌火杀伤，保存了有生力量。该排从 7 月 18 日战斗到 20 日，先后打退敌攻击 40 余次，毙伤敌 400 余名，出色地完成了坚守阵地、阻击敌人的任务。（摘自《135 师师史》第 230 页）

此次战斗，404 团由 15 日至 20 日 24 时历时 6 天 5 夜，共打垮敌伪 11 师 13 团，伪 8 师 16 团，伪 6 师 19 团、17 团 11 个营的兵力在 30 余架飞机、20 余辆坦克以及数个重炮群配合下的 147 次反扑。其中打退敌 2 个连至 2 个营兵力的攻击 21 次，歼敌 3915 名，击毁坦克 3 辆。三连排长麻俊坤、七连排长王占山被志愿军总部授予一等国际功臣二级战斗英雄。（摘自《135 师师史》第 231 页）

（王占山口述）上级命令我们这个军（54 军）入朝作战。我们坐着火车到了丹东，就地休整一阵子。1952 年底就过江（鸭绿江），我们也是坐着火车入朝的。我们驻扎在平壤七铺里，在那儿就学习、练兵、准备。敌人飞机经常来，那里有两个高炮团，正好用上了。我是排长，有天查哨走到半道上，听着上面扔下一个东西，"哐当"掉地下了，是投完炸弹剩下的那个炸弹架子。我们在这儿主要任务就是用铁锹、洋镐刨坑道。

上级又命令我们这个部队去参加金城反击战。金城离三八线还有18公里。金城反击战要打的时候，师里组织科科长带着红旗到我们那个坑道里头，我们面对红旗宣誓，把决心写在红旗上。

宣誓完毕我们部队就往前线赶，连长先带着我们这个排到前线看看地形，看完地形部队就开拔过去了。7月18日下午1点多钟上的高地，准备抗击敌人反攻。居里室北山那个地方以前未发生过战斗，没有坑道，也没有工事，我们到那儿现挖工事、布置火力。我们三营在前边，七连其他人在更前边，还有三连在那儿修工事，这边就开始打了。

金城那个地方敌人的地堡、坑道比我们修得更好一些，而我们的火力更强。喀秋莎连珠炮打了一阵子，把敌军阵地打乱了，消灭了不少敌人。敌人炮火很猛，坑道里空气都炸没了，咱们好多人都憋死了。我们修了不少的工事。有九个无后坐力炮，炮连在那儿挡着，提防敌人坦克冲过来，冲到金城。这个时候呢，敌人开始反攻了，上来了我们就打，打回去再来，再来再打，就这么连续打了两三次。敌人是白天打，夜晚就不打回去了，如果有伤员就拉回去，枪都丢这儿了。前面是三营二连一排，全都牺牲了。

我们阵地所在的山叫巨里室北山，我们所在的高地叫408.1高地。我们为什么一定要守住408.1高地？敌人为什么疯狂发动进攻必须夺回去？这座山就像大堤一样在敌人面前挡着，往北就是一马平川，高地如果被抢过去，我们的防守就被突破了，后果不堪设想。山北面没有地势阻挡，敌人的坦克可以长驱直入，就能毫无困难地突破金城川，所以这个地方是金城川的命脉。在408.1高地的右边一个大岗上，九个炮连在那里等着，就是为了防止敌人坦克过来；山下面的公路上敌人的坦克都在那里等着，就过不去。阵地上冲过来两辆敌军坦克，都被打掉了。408.1高地长两三公里，宽两公里，以前这里不是阵地，掩体都是我们自己挖的。

我们三营七连是300多人的加强连，坚守宽1000米的408.1高地，三个排一字排开，构筑工事，挖掩体、堑壕，备好子弹、手榴弹，迎击来犯之敌。韩军13团在我阵地前集结了约1个营兵力，首先来的飞机轰炸，大约10多分钟，大小火炮射击约20分钟，坦克边走边打炮，步兵紧跟其后，坦克到山脚下不能爬坡时停下开始放炮，支援步兵进攻。每次进攻都是这一套，这规律已被我们摸透了，敌人每次进攻都被我们打退。我们七连第一天牺牲三分之一，连长张丙振负伤，一条腿被炸没了，被送下山去，指导员张冠佐在高地上指挥。

头两天敌人每天进攻七八次，由一个排增一个营，都被打退了。敌人十几辆坦克都在山下公路上。山下有一条小河，敌人坦克过来两辆，都被我们用爆破筒打掉了。一个坦克驾驶员出来了，拿着枪和我们战士对射起来，他穿着大皮靴行动不便，让四连的战士拿着大石头给砸死了。

这样打了两天，都是小打不是大打，我们也有些伤亡。飞机每天来回轰炸，我们七连一共有11个排以上干部，大部分都牺牲了，连长、副连长、副指导员负伤被抬下去了。光剩指导员张冠佐和担任三排长的我，只有我们两个干部在阵地上继续指挥战斗。

打到第三天的时候，弹药、食品运不到，战斗减员过半，指导员张冠佐也负伤了，伤势很重，胸口被机枪打了三个大窟窿。阵地上就剩我一个干部了，指导员把我叫过去，他说："占山，（全连）就剩下你一个干部了，我活不成了，我把连队交给你，人在阵地在。"我们连加上伙夫（炊事班）算一块儿一共将近300人，最后还剩百十来人。指导员把这些人全交给我，我说："请你放心，我一定完成任务，我对你宣誓！"我们剩下这些人都举着枪面对指导员宣誓："坚决完成指导员交给我的任务！人在阵地在！绝不退后半步！"宣誓完了，指导员也牺牲了。指导员张冠佐特别好，是丰南老乡，钱家营黄各庄人，战士们有事情都跟他说，他都给解决。在工作上我们配合得也好，他比我大两岁，我管他叫表哥，他已经成家有孩子了。他的父亲跟我的父亲比较好，在广东的时候他媳妇还来探过亲。

阵地上原来有个小电台，第一天就不通了，战士们都围上我说，就剩你一个干部了，你说咱们怎么办吧，我们听你的！第三天阵地上没啥吃的了，压缩饼干很硬，用石头砸开才能吃，就开始挖山上的草根，吃草根。战友们提出，吃不饱饭可以坚持，没有弹药不行，阵地上的石头、棍棒白天都用光了。我说："国内战争时蒋介石是运输大队长，现在美国鬼子也是运输大队长，咱们打死那么多敌人，他们身上都有枪弹，夜晚敌人不打了，咱们下去摸，能用的能吃的都要。"一共派了4个组，一个组4个人，一个人掩护其他的人就找枪弹，各组往返4次，收获很大。第二波拿着兜子兜手榴弹，捡回来不少手榴弹，还有一个战士摸到敌人伙房，伙房也没人，摸回来好多罐头、干鱼片，还摸了半袋子萝卜，拿回来给阵地上的战士们解渴，还给我摸回来了两个半盒的烟，战士不抽烟，把烟都给我了，抽一口满阵地香，精神头也提起来了。就这样来回摸了不少半自动步枪，每人背回来七八支。一回七八支，十回就七八十支，这样子就装备起来了。轻机枪18挺、自动步枪300多支、弹药箱10多个、子弹袋300多条、手榴弹四五百枚。战士们用的、吃的样样有，再打几天都行。阵地上的生存智慧在哪里？没弹药，就去摸弹药；没吃的，就去摸吃喝。阵地防守各占一方，互相支援。有的时候我们还去支援408.2高地，分兵给他们，有时候一次5个，有时候去一个班，去了就回不来。

第三天敌人进犯8次，兵力不断增多。从一个连两个连到一个营。晚上我集合查人数，阵地上还有60人，重伤员下去了，轻伤员占一半。

第四天早上，趁敌人没有动静，我组织大家面向祖国、面向北京，向毛主席，向全国人民宣誓：履行指导员生前嘱托，人在阵地在！我让战士们抓紧修复阵地，把掩体加固、堑壕加宽加深，补充枪弹，只等来犯之敌。我又和班长们研究了打退敌人进攻的战术。因我们枪弹充足，战术灵活，战斗意志也非常顽强，本着寸土不让的战斗决心，我们越战越勇。敌人来得多死得多，阵地前敌人伤亡人数超过前两天之和。装备起来以后，我说继续挖工事，把敌人扔炸弹炸出来的很多石头摆在前面，敌人来了就推倒，用石头砸，节省弹药。赶上天快黑了，敌人也快没劲儿了，最后一次两个营冲上来了，我说先用石头砸，把石头墙一推倒，山很陡，大石头一跳一蹦，眼看着蹦到他脑袋上了，敌人吓得直躲。我说这还管用，第一次可以，第二次就不行了，敌人知道这上面没弹药，更疯狂地往上冲了。

我们阵地被突破四次，第一次我拿带刺刀的半自动步枪端着就冲上去了，和战士们一起冲锋，把敌人刺死不少。回来以后战士就批评我，说你是干部，就你一个头儿了，你要是死了、牺牲了，我们怎么办？还有三次敌人冲上来都是战士们给打下去了，炊事班长上来了，拿着菜刀跟着一起冲锋。第四天敌人的飞机、大炮比前几天更来劲，修好的阵地都给轰平了，山头成了废墟。阵地上最大的威胁是飞机轰炸，B29轰炸机，2000磅炸弹，把山上土石都能炸出水来，轰炸机过来扔了两次炸弹，飞机轰炸的时候我正在检查工事，我被炸弹炸晕了。我被埋进土里两次，都被战友扒出来。埋在土里的人不少，有的战士就不行了，不是扒不出来，就是扒出来也不醒人事了。敌人的飞机一个大炸弹就能牺牲挺多同志，连长、指导员、二排长，都不在了。二排长是安徽人，和我感情都挺好。敌人轰炸机炸完之后，接连发起4次进犯，每次都突破阵地，被我们用刺刀、手榴弹、自动步枪击溃，跑回去的不多，死尸丢下太多了。

我在高地上来回奔跑指挥，敌人机枪扫射，一个机枪子弹扫到了我的大腿骨，我就感觉大腿热呼呼的，左腿不管用了。这下我走不了了，就坐着指挥。用急救包把大腿绑上，医务兵挽着我继续指挥战斗。我们跟敌人拼到天黑，高地还在我们手里。敌人反扑非常顽强，阵地战斗很惨烈，高地上原来有树，后来敌人的炮弹和飞机炸弹把山都炸平了，山上光秃秃了。

第四天下午敌人没有进犯。午后平静，我们赶紧趁着敌人没进攻抢修工事，准备再战。敌人是白天打夜晚不打，我们在阵地夜间就站好岗，放好哨，该休息休息，休息了有一两个小时。敌人就开始用炮打我们，飞机炸我们，我要求炮排、炮连支援我们一次，参谋长就跟我说，我们是直射炮也不管用，我说管用不管用助助威也好。一个炮打一发，9发打过去了。

这时候我们剩的人就不多了。我的三排减员太多了，三排一共52个人，党员将近占了一半，五十多人差不多全都牺牲了。副排长叫王久和，当时负伤下去了，他家是东北的。打到这时候，阵地上就只剩下6个人了：机枪班长杨景林，40多岁；机枪射手杨吉；通讯员是广西人，记不住叫啥名字了，后来在秦岭当运输科长；拿着菜刀杀敌的炊事班长王宝；卫生员宛美满最小，也就是十八九岁的样子。大家就等着跟敌人拼到最后了，每个人身上都是伤痕累累，腿手都不听使唤了，耳朵也震聋了，有的已经睁不开眼，失去战斗力了。但是大家都不害怕，随时等待着敌人的再次进攻，用自己生命来捍卫阵地。

到第四天夜间，405团的一个连来换我们的防。我们七连拼到最后阵地上虽然只剩6个人，但阵地还是我们的。我们消灭敌人400多人，打退敌人38次反扑，我把阵地情况给接防的二连简单做了介绍。他们说，你们已经完成任务了，回去吧。我们七连的6个人就抻着胳膊拖着腿下去了，他们把我送到营部前指（前线指挥部）参谋长那儿汇报阵地情况，因为我流血过多，到了那里就给我输两袋血，正好原来我们通讯班的副班长康海江到营部了，说王占山负伤了，得把他送到医院去。这时候他组织担架抬着我就过金城江。金城江桥已经被炸断，水也涨了，两个人不行就四个人，担架举着抬着我过了江。

他们把我抬上汽车一路颠簸送往野战医院。因伤口疼痛加重，还有本来身体就疲劳过度，我在车上晕死过去了。车到医院后我被放到待处理处（露天淋雨），团政治处青年股长董怀忠受命来找我，所有病房都没有找到，医生让去待处理地找找，说是重伤员胸前挂着红布条。红布条因两天在泥水里滚打都成了泥布条，董怀忠就到处找上衣上有布条的人，最后还真找到了破烂上衣结布条的人，用水冲洗后是红色，一看就是我。

　　董怀忠与我是老乡，一起当兵也认识。他后来说当时他用手摸我全身冰凉，但心口还热乎，有轻微动弹，立刻把我抬到抢救室，输液、输血。在阵地上战死就战死了，可战友们又不让我死，从土里把我给扒出来；到了烈士堆里又被战友和老乡董怀忠给找了出来，可能是被雨水一激又有点气儿了，他就让人民军医院抢救。抢救了四天，四天头上我哼了一声，他们高兴了，说活了，死不了了！我也是后来听他们这么说的。护理员是朝鲜妇女，非常精细，耐心照料我，用温水给我洗脸，擦四肢，轻轻擦嘴唇、眼睛，往嘴里喂水。在医院又住了十来天，伤口开始愈合了，我也恢复了精神。7月27日停战消息传来，祖国赴朝鲜慰问团来了，慰问团听说了有这么一个人，死了还能活过来，他们就都来看我。他们来看我的时候，我还啥也不知道，他们给我放下多半袋子羊奶脂，给我补充营养。我在医院里休养了一段时间之后，就缓过来了。慰问团说希望带他们到前线看看。我们是二十几号下的战场，27号签的《停战协定》，全线就停止了战斗。慰问团到前线去看的时候，战场还没有打扫完，我们135师就有两千多烈士。政委任思忠到那里一看，坐下就哭开了，当时我就在他身边。那些烈士都是年轻的战友，他们都是停战前的最后一战牺牲的，如果不牺牲，就都能回家和老婆孩子孝敬父母过小日子了。所有人都哭了。活着的战友把烈士们身体给洗了，换上新军装，再送往烈士陵园。国家很负责，过去这么多年了，有很多烈士都给找回来了，毛主席儿子没有运回来，还放在朝鲜。

回到连队后慰问团就找到我采访，有位慰问团成员是天津人叫王林，王林回国后把我的事迹告诉了河北省、唐山市、丰南县，由三级政府出面，派代表在我家乡钱家营镇召开了庆功会，唱大戏三天，把我父母请到台上戴大红花，领导同志分别向二老表示感谢，说你们养了个好儿子，是战斗英雄，为祖国争光，为省市县争光，为家乡人民争光。我一时在唐山名声大震，好多人去家里向二老贺喜。

经过战后评功，王占山所在团（135师404团）全团共评出491名战斗功臣，其中有二级战斗英雄两名（麻俊坤烈士、王占山），一等功臣7名，二等功臣52名，三等功臣427名（包括追功48名）。立功的班以上单位共15个，其中荣获一等功臣连光荣称号的有2个。

王占山在此次战役中获得了二级战斗英雄称号，其所在的七连荣获了一等功臣连的光荣称号。

金城反击战的胜利，迫使敌人向中朝军队作出了实施停战协定的保证。1953年7月24日，由于战线向南推移，谈判双方最后核正了军事分界线。1953年7月27日上午10时，双方在板门店正式签署《停战协定》。从7月27日22时起，全线战斗停止，全世界人民盼望的朝鲜停战终于实现了。

联合国军总司令克拉克上将在停战协定上签字后哀叹："我执行政府指示，我获得了一个不值得羡慕的名声：我是美国历史上第一个没有在取得胜利的停战协定上签字的司令官。我感到一种沮丧的心情。我想，我的前两任，麦克阿瑟和李奇微将军也有同样的感觉。"

图2.21　1953年7月16日，金城反击战中，王占山所在部队连夜占领
　　　　408.1、408.2高地

图2.22 135师夺取并坚守金城之屏障梨船河、芦里洞、巨里室北山一
线高地

图2.23 部队战士们和朝鲜人民一起联欢，庆祝金城反击战胜利

图2.24　1958年8月，祖国人民热烈欢迎人民志愿军凯旋
（右一为战斗英雄王占山）

（六）自卫反击作战

　　王占山参加战役时间：1979年2月

　　王占山所在部队：54军162师

　　王占山部队任职：162师副师长

　　王占山参战年龄：50岁

　　1979年2月，162师副师长王占山奉命参加中越边境自卫反击作战，他亲临前线下到484团指挥战斗，配合广州军区舟桥84团从敌人防守薄弱的侧翼偷渡平江，迂回占领了325高地，为保证部队顺利通过平江、取得作战胜利，起到了决

定性的作用。

162师等于扮演了消防队的角色，从2月19日出境到3月16日从越回国，其中仅大任务变化达9次之多，部队忽南忽北、忽东忽西，机动频繁，连续作战，共转战400余公里，战斗纵深80多公里，足迹遍布高平以东各个地区。

（王占山口述）在中越边境反击战时，我任162师副师长，带领484团到复和解围125师部。首先面对的是水深湍急的复和河架桥任务。广州军区舟桥团政委见况说能行吗？我说不能行也得行，不然你我的脑袋都得上交！我带领484团开始了架桥，架浮桥。把能支援的武器带到前面去打，一边打着一边架桥。在敌人炮火封锁下两次都告失败、牺牲21人后，上级给我们配备了三个炮团，打前面的大山，掩护架桥，那个参谋长很好，指挥开始架桥。架了42分钟，炸断了三次架了三次，最后架上了。因为前边两个军吃饭都成问题了，后边有200辆汽车的给养等着过桥，所以上级很重视。总部打电话问架上没有，我说正在架设马上架通了。上级就传下来："给你们请功！"桥架通以后这200辆汽车很快就冲过去了。这是在我军历史上，冒着敌人火力封锁第一次抢架制式舟桥成功，各级领导极为重视此战役经验。

我在484团，打了一个胜仗。再往前走，遇到敌人的一个前哨，有一个排的样子，团长、政委把炮架上来就准备打。我说前面有敌人你就打？炮一响把敌人都吓跑了，那还打啥？赶快前进！一个副团长带着三营进行穿插，穿插到地方了，在那儿消灭了敌人一个连。这时候我跟他们讲，你主要先完成穿插任务，别叫敌人跑了，然后咱们再打。我在那儿抽烟，一打火儿"呼"就给我一枪，没打着我。我走到前面去看，那个山上有个大洞。这时二营的无后坐力炮来了，我说看着大洞了没有，给他一炮！炮手炮扛肩上就打，打到那个大洞里去了。敌人很狡猾，一直在抵抗，这个时候二营的副营长负伤了，负伤了怎么整？我说那边有个汽车看能不能发动，能发动赶快开着汽车送到医院，送到师医院去。四连那儿有两个司机，他们一看车能开，赶快开车把副营长送到师医院去了。由于抢救及时，副营长慢慢伤也治好了。

这个地方打完了以后又往前进，前进的过程中敌人老打枪。我到师长那儿，师长说研究研究这怎么办呢？我说研究咱也不了解情况，还不如我去前面看一看。我就带个警卫排下山了，下去一看，部队在那个地方没前进，有一个水库那儿有桥也有碉堡，我叫他们上去了，上去一打，那儿也有个洞，有一个无坐力炮在里边。我命令部队，一边走一边打，打着就前进了。路上埋下了很多地雷，我叫部队勘察躲开地雷前进。敌人也变成了打游击的形式，我说这咱们是老本行，咱们是打游击出身。敌人很狡猾，你打他他就跑。我们打了一下，走的时候带上了八五炮。遇到敌人一个排藏在山洞里，就用八五炮打，这样就把敌人消灭了。我们打过去以后过一个江，江水不太深，过去了以后上级命令几个部队都到克马洛集中。我就带着二营去和友军会师。战士们都说好几天没吃饭了。我说那好办，前面的白房子应该是敌人的营房，去那看看有啥吃的找找来。他们就朝那打了过去，这是敌人的一个省级机关，好多敌人从那里往外跑。我们就用火箭炮打了一阵子，只打到了尾巴，敌人还是跑了。在那里找到一些猪肉和土豆，大锅炖了饱餐了一顿。

我们部队把这片地区清理干净，继续前进。在前进的路上又打了两仗。敌人好狡猾，打一下就跑，跑我们就追，在这个地方我们打了五场战斗，五战五捷，打得比较顺利，全师牺牲200多人。打完这五战，对越自卫反击战就结束了。

图2.25 1979年2月12日，162师专列向战区开进

图2.26 162师王占山副师长（左四）在前线研究敌情

图2.27 162师副师长王占山亲自指挥架设浮桥，
对保证胜利起到了关键作用

图2.28 162师副师长、战斗英雄王占山在对越自卫反击战战场（照片
由警卫连一排排长方晓提供）

图2.29　猛虎团抢占孤山高点，保证全师安全通过

图2.30　铁拳团485团（王占山曾担任团长）荣获集体一等功

图2.31 1979年4月21日《解放军报》刊登王占山所属参战部队
"五战五胜"的作战经验

（七）扎根安阳

王占山任职：安阳军分区顾问，副司令员

王占山任职时间：1979~1987年 离休

（王占山口述）在越南自卫反击战打完了以后，我又回到原来部队。正好部队都要换年轻的人，像我们这些年龄较大的都到地方。我就到了安阳军分区，从副师长平调到安阳军分区任顾问，后来还当了分区副司令员。当副司令员的原因呢，是因为我懂军事，有两个机会，一是黄陂县与林县两个县之间进行民兵比武，叫我去了，在林县住了将近半年，训练民兵，比武得了第一，给他们争了很多旗，县委书记很高兴。第二是要组织一场阻击战演习。这个工作我们全市都走遍了，搞防御科目，花了半年时间把所有的演习内容都完成了。之后就是请市委书记和市里的领导都来参观一遍演习全程。我们有一个作训科长，比较灵活，写了个剧本，就按着剧本内容一项一项完成演练，最后结束的时候还模拟了原子弹发射还击。搞得还可以，受到市委、市政府的赞扬。演练结束后分区人员过多，要裁减人员，我从副司令员的岗位上下来当顾问，（最后）就到了干休所。

三　离休生活

1987年5月，王占山同志离休。离休后的王占山却没有片刻的悠闲。

原安阳市社会福利院院长兼书记彭守堂清晰记得，王占山老英雄和安阳军分区干休所的老同志到安阳福利院的情景。他们不但给福利院的孤儿们送来了衣服、儿童玩具以及食品，更重要的是，王占山和他的老战友们给孩子们带来了亲人般的温暖。王占山抱着孩子像对自己的亲孙子、孙女一样亲切，他说孩子们是我们祖国大家庭的成员，一定要让他们过上幸福的生活。看到昔日的战斗英雄离休之后仍然对社会公益事业充满爱心，作为福利院院长的彭守堂非常感动。每到节假日，王占山都会带领干休所的老同志出现在福利院，出现在孩子们面前。

王占山离休之后还担任了安阳军分区关工委常务副主任。他的足迹遍布干休所附近的安阳市三官庙小学、二师附小、三十三中、安阳师范学院等十多所大中小学校，老英雄讲自己的亲身战斗经历，并成为这些学校的校外辅导员。当得知一个学生家里出现重大变故，他当天就给这个孩子送去3000元钱，并再三叮嘱孩子父母，千万不能耽误孩子学业。王占山还为学校联系军队讲课教员百余名，协助学校搞国防教育。

从1993年起，王占山就力所能及地购买教学用具、书籍资料等，给附近的学校和学生提供帮助。对失学学生，王占山看在眼里，急在心上。有名学生由于多种原因家长不想让他上学，王占山知道后心急如焚。经过他多方奔走，这名几乎失学的孩子终于重返校园，王占山的心才踏实下来。学生家长也被老英雄对孩子的关爱所感动。

曾经有一名孩子逆反心理非常严重，失足进了少管所。王占山得知后非常痛心，他就去少管所看那位学生，循循善诱，积极引导，那名学生终于认识到了自己的错误，积极悔过自新，王占山又资助他完成了学业。为了做好青少年犯罪预防工作，王占山先后到多个少管所进行实地调研。针对青少年心理和生理特点，他先后购买了40多套书籍，送到几所小学和中学里。

多年来，王占山和他带领的关工委成员先后为少年儿童捐资捐物30余万元，深入学校、少管所、企事业单位等作革命事迹报告300余场次，联系和组织军训60余次，受教育人员达 10 万余人次，20 多名失足青少年得到帮助，重新走上人生正道。对于三官庙小学、建安小学、三十三中学的学生来说，王占山就是什么事都管的战斗英雄爷爷。

王占山深入企事业单位、厂矿、学校、社区和部队，为社会青年、企业员工、学校师生、部队官兵讲革命传统，讲党和国家政策，讲社会主义制度优越性。王占山积极做革命传统的宣传员，做报告千余场，受教育人数超过 30 万余人次。

王占山同志于 1993 年至 2001 年连续 8 年被安阳市评为优秀校外辅导员，1999 年、2002 年两次被河南省教委评为省优秀校外少先队辅导员，2002 年 12 月被河南省组织部老干局评为"优秀校外辅导同志"；2004 年 11 月被济南军区表彰为"先进离休老干部"。2007 年王占山在北京召开的建军八十周年英模代表大会上受到了时任中央军委主席胡锦涛的亲切接见。他先后 4 次被济南军区、河南省军区表彰为"先进离退休老干部"，2014 年分别被解放军总政治部、中组部表彰为"全军先进离休干部"、"全国离退休干部先进个人"。

2020 年，新冠肺炎疫情出现后，王占山将 3000 元特殊党费交给党组织。扶贫帮困、抗洪抢险、抗击非典、汶川抗震，每一次的捐款和上交特殊党费，都少不了王占山的身影。

王占山同志离休不离岗，以实际行动践行着一个共产党员的入党誓言。

图3.1 2003年，王占山带领三官庙小学学生参观军营，进行爱国主义教育

图3.2 2003年，王占山为三官庙小学的学生们上军事课

图3.3　王占山参加三官庙小学某班"树远大理想，做时代先锋"
主题中队会（照片由三官庙小学提供）

图3.4　2012年六一儿童节，王占山到三官庙小学表彰优秀学生
赠书并合影（照片由三官庙小学提供）

图3.5　2003年9月10日，王占山带领安阳军分区干休所老干部到安阳市福利院看望孩子们（照片由安阳市福利院提供）

图3.6　2003年夏天，安阳一中一考生考上清华大学，王占山赠其行李箱，勉励该生学有所成，将来为国家建设贡献力量

四　授勋归来

受访者：王占山

访谈人：齐峰

时　间：2021年7月4日

地　点：安阳军分区干休所

1. 首先祝贺您获得建党百年"七一勋章"这一崇高荣
誉！当习近平总书记亲自给您授勋时，您有何感想？

王占山：我来领这个建党百年"七一勋章"，是替那些烈
士、那些牺牲的战友们来领的。他们来不了了，我替他们来
了。这个"七一勋章"，不是我个人的荣誉，是那些牺牲的
战友们的荣誉！我的两任连指导员马占海、张冠佐，他们是
我终生难以忘怀的。马占海是我的入党介绍人；张冠佐是在
408.1阵地上最后交代我任务的人，他说王占山你要替我守住
阵地！我一生都记得这句话。他们都是共产党员，我是他们
发展的党员，他们都是我一生的榜样。

2. 您的入党具体时间还记得吗? 入党宣誓的地点在哪里? 当时的场景还能回忆起来吗?

王占山: 我入党的时间是1948年8月, 入党的地点是在辽宁省五家窝棚村, 入党介绍人马占海跟我说, 你的入党申请上级批准了, 要履行程序对党旗宣誓。当时我很高兴, 马占海领着我宣誓, 他说一句, 我说一句。当时是在一个小草房里宣誓的, 我是在小草房里入的党。我父亲在我参军之前就是共产党员, 还是贫协主席; 我的叔叔是区武工队的, 也是党员。他们参加革命、加入共产党对我影响很大。我从小的时候就知道一定要参加革命、加入共产党。

3. 马占海、张冠佐两位指导员对您的成长有什么影响?

王占山: 他们俩对我的影响都很大。马占海在打天津金汤桥战斗中带领敢死队冲在最前面, 我非常佩服他。他是矿工出身, 也是我的入党介绍人, 当时他有四十多岁了, 我当时年龄小, 是连里通讯员, 他很照顾我。张冠佐是后来我们七连指导员, 在参军之前, 也是我在区武工队时二中队的中队长。在坚守408.1高地时, 他牺牲之前把指挥战斗的任务交给我, 让我带领战友坚守阵地。这两个人可以说是对我一生影响巨大, 他们都是共产党员, 都是我革命的领路人, 可他们都是在我眼前牺牲的。他们用实际行动告诉我, 共产党

员就是要身先士卒冲在前面做表率，不怕牺牲，我也是以
他们为榜样严格要求自己的，我要做一名像他们那样的共产
党员。

4. 当年丰南老家有多少年轻人和您一起参军？

王占山：当年是24师副师长到我们丰南招的兵，当时招
得很多。张冠佐、董怀忠都是那次征兵时参军的，张冠佐家
在黄各庄，董怀忠家在新庄子，我家在小赞公庄，距离都很
近。我们老乡中牺牲的人很多，打完了抗美援朝后，老乡中
能活下来的人也是能数得过来的。

5．听说您从朝鲜战场回国，回到家乡就去了张冠佐
家里？

王占山：1954年我回国参加报告团，到了丰南就去
了张冠佐家里。张冠佐家就在丰南钱营镇黄各庄村，家里
就三口人：他父亲、他爱人和抱在怀里的孩子。我是和张
冠佐一起参军的，他比我大两岁。我们都在区武工队，他
是二中队队长，我是二中队队员。那时候我比较小，他就
对我比较照顾，他参军之前就是党员。张冠佐的媳妇我也
见过，是在入朝之前，她去部队探亲，当时我们部队在广
东。我当时是排长，津贴是每个月24块钱，我全给张冠

佐让他接待新婚媳妇了。过不久我们部队就去了朝鲜，参加了金城反击战。我们七连奉命守巨里室北山，战斗打响是1953年7月中旬，等到了7月27日就停战了，在板门店签订了《停战协定》。张冠佐就牺牲在胜利的前夜，距离停战也就是几天的时间。要是他不牺牲的话，就可以回家看到他的孩子。我把张冠佐的遗物带回了他家：一床被面、一块手表、一支钢笔。那个时候，他家里已经接到了烈士通知书。我讲张冠佐牺牲的场景，我知道他们一定想知道张冠佐最后是什么样子，我说冠佐大哥战斗特别勇敢，牺牲的时候也很光荣，他把战斗指挥任务交给我，我就承担了，我们打到了最后。我们阵地守住了，我完成了他交给我的任务。我对冠佐的媳妇说："他最后没别的要求，就求你把孩子养到五岁，你可以改嫁，把孩子给爷爷放下。"抱着孩子的女人早已哭得不成样子了，我当时也很心酸。其实当时阵地上情况很危急，垂危的指导员张冠佐只是跟我交代了替他指挥战斗守住阵地，根本没说出"把孩子养到五岁"的话，这都是我思前想后自己编的。我现在想起来，当时是为了孩子好，我当时也没结婚，也不知道怎么处理这种事情。张冠佐的爱人非常好，她把孩子一直带在身边，一直照顾张冠佐老父亲生活，她真是一个非常好的女人。然后我就去钱营镇政府找到了负责人。参军之前，张冠佐是我们区武工队二中队的中队长，不少队员都在钱营镇当负责人。我找到他们说："张冠佐牺牲了，你们要照顾他的家里，他的小闺女你们一定要照顾好，长大后给她安排好工作，这样好对得起张冠佐。"他们都答应了。

6. 408.1高地战斗中，您的三排有多少人？党员能占到多少？

王占山：我们三排一共52个人，党员将近占了一半，五十多人差不多全都牺牲了。我的副排长叫王久和，当时负伤下去了，他家是东北的。打到最后阵地上全连就只剩下了6个人。接防的405团那个连也打得很残酷，听说最后打得只剩下一个司号员了。我们牺牲这么大，也是有准备的。当年我们雄赳赳气昂昂跨过鸭绿江，就是去打仗的，打仗就有牺牲，我们牺牲是为了保家卫国，我们每个战士都做好了牺牲的准备，在上战场之前都做好了准备，在参军的时候就都已经做好了准备。我是三排长，是干部，还是共产党员，冲在前面没二话，我随时准备牺牲。

7. 在408.1高地，您和战友们顽强战斗了四天四夜，直到友军接防，阵地上只剩下您和另外5名战友，这5名战友的名字您还记得吗？他们都是党员吗？

王占山：当然记得！机枪班长杨景林，他那时候就应该有40多岁了；机枪射手杨吉；拿着菜刀上阵地冲向敌人的炊事班长王宝；卫生员宛美满最小，那时候他也就是十八九岁；通讯员叫啥名字有些记不清了，是广西人，他后来在秦岭当运输科长。当时我们6个人都伤痕累累，那个时候我们都失去战斗力了，但战斗意志还在。我们没有一个退缩的，就等着最后时刻跟敌人同归于尽了。当时大家都不害怕。我和5名战友都是党员，清一色党员。

8. 战争给您身体上留下了很多创伤吧？听说您时常突然晕厥，是战争留下的后遗症吗？

王占山：大腿、脑袋、嘴、牙、耳朵、眼睛都有伤，身上有手榴弹伤，有步枪伤。脑袋里面有弹片，眼睛总流泪，医生说，是当时打仗时伤到了泪腺。我身上虽然伤很多，可命还在。年轻时经常晕过去，那是在朝鲜打仗留下的后遗症。当时守阵地的时候，敌人飞机扔炸弹给炸的。有两次我被埋到土里啥都不知道了，最后还是被战友们从土里给扒了出来。好几次死里逃生，我还活着，只要活着就继续战斗。我被敌人的炮弹和飞机轰炸的弹片伤到了，脑神经受到了损伤，我晕倒的毛病是从那时候落下的。晕倒前我知道要倒，会拼命控制住身体。有时候能控制住，有时候控制不住。晕倒之后就啥也不知道了，可过了一会儿我还能醒过来。这个毛病也治过，治不好，多少个医生都没招儿。可等到离休之后，倒没犯过，估计也和工作压力有关。

9. 董怀忠当年作为团青年股长要采访您，在烈士堆里寻找了一息尚存的您，您怎么看待您和董怀忠的情谊？

王占山：1953年7月份的金城反击战，我们连在408.1高地战斗打了四天四夜，部队伤亡非常大，干部损失也特别大。那时候干部都是共产党员，共产党员都在最前面最危险的地方，我们连指导员张冠佐在战斗中负重伤要不行的时候，把我叫到跟前，亲口把阵地指挥权交给了我。我没有辜负他的托付，带领战士们坚守阵地，最后阵地上就剩下6个人了。这最后的6个人也都是伤痕累累，但是我们谁都不害怕，都在准备跟敌人做最后的战斗。等到接防部队上来时，阵地还在我们手中。我们6个人从高地上撤下来之后，我因为身上多处负伤失血过多，在车上就昏迷了，可能是颠簸失血过多的原因，呼吸也几乎没了。当时的团政治处青年股长董怀忠受团里命令找我。董怀忠跟我是老乡，一起当兵也认识，他听说我牺牲了，就一直找我，要眼见为实，最后在烈士堆里把我找着了。据他后来跟我说，他当时用手摸我，我全身冰凉，但心口还热，心脏有轻微动弹，就立刻把我抬到战地医院抢救室，抢救了四天，最后我活了过来。董怀忠老哥救了我的命，我终身感激他。他是1929年4月生的，我是1929年12月份生的，他是我的老哥，我的战友，我的老乡，我的救命恩人。在部队里，他也一直是我的上级，是我的领导。他非常正直，我敬重他，听从他指挥，我们还一起参加了中越边境自卫反击战。当时他是135师政委，我是135师副师长，我们在中越边境自卫反击战的战役中配合得很好很默契，仗也打得漂亮。我们一起参军到了部队，然后在一起打仗，在一起工作，最后一起离休。我们都把一切交给了党，交给了军队，我们都是在党和军队的培养下成长起来的，都对党和军队有着深厚的感情。我努力工作，就是对他救命之恩的最好报答，也是对党、对军队最好的报答。

10. 如果您的指导员马占海、张冠佐，以及那些牺牲的战友们都能听见，你想对他们说些什么？

王占山：没有他们也就没有我。我希望他们好好的，现在咱们全国人民都生活得很好，他们应该会感到欣慰的。你们已经完成了党交给你们的任务，你们也是很光荣的。我特别想念你们。我们国家现在越来越富强了，家乡也越来越富裕了，不愁吃不愁穿，你们也该放心了。

11. 如果有机会，您还想去当年的战场上看一看吗？

王占山：不想去了，也走不动了。1953 年 7 月 27 日停战，就不打了，两边都拿着大棍子巡逻，就是以巨里室北山为分界线，以我们坚守的阵地 408.1、408.2 高地为分界线，互相对峙。

12. 老部队"金汤桥连"的战友们都在向您表示祝贺！他们很想听到您的声音。

王占山："金汤桥连"是一个英雄的连队，"金汤桥连"这个荣誉来之不易，是我们连战友用命换来的。在攻打天津金汤桥战斗中，指导员马占海带领敢死队插了三次旗才插上。三排一个人也没回来，一排和敌人拼了刺刀。指导员马占海被敌人的冷枪打倒了。我亲眼看见他倒在了电线杆子那里。我那时候是七连通讯员，我当时年龄比较小，就在战场上跑来跑去传达命令送信。我有一次在送信的路上被两个敌人包围了，是连长给我解的围。我当时拿的是小马枪，比较短，正在非常危险的时候，连长出现了，他帮我打死了一个，另一个敌人慌了要跑，我抓住机会冲上去就把他刺死了。我们七连最后胜利地占领了金汤桥，全连只剩下了24个人。七连最终得到了"金汤桥连"的荣誉，这个荣誉是烈士们用鲜血和生命换来的。"金汤桥连"是一个英雄的连队，是一个屡建功勋的连队，我们的军队中有很多这样的英雄集体。我希望我们的军队在习主席的领导下，永远保持光荣的革命传统，刻苦训练，苦练杀敌本领，时刻准备着保家卫国。

13. 您想过当将军吗？您怎么看待自己的职务？

王占山：当了兵，谁不想当将军？可是都要当将军，那谁当兵啊！我虽然没当上将军，上级给我评了二级英雄，也获得了一等功，这些荣誉是对我作战勇敢的肯定。可我的战友们牺牲太多了，从我参加革命开始，每一场战役都有身边的战友牺牲，可每场战斗下来我都还活着。我想，我获得每个荣誉，都是替他们来领的，至于职务，还有什么荣誉，那都不是最重要的。我们现在的和平，是我的战友们用鲜血换来的，我深深怀念他们。

14. 听说您当营长的时候，和教导员覃明交情很好？

王占山：我们关系一直很好。我当二营长的时候，教导员转业了，新调来一位比我年轻五岁的教导员覃明。我当时一看，这不是一位白面书生吗？我很尊敬他，别看他年轻，入伍时间晚，但是他党务搞得特别好。当时二营几个指导员都是解放战争过来年纪很大的老兵，对年轻的教导员都有些不服气。我当时就把脸绷起来了，我跟他们说："你们是老兵，他是新兵，他能干好教导员的工作，你们要是不服气，你们就来干干试试？你们对待他，要跟对待我一样，你们尊敬他，就像尊敬我一样！你们谁搞事情，我就对谁不客气！"就这样，覃明的工作顺利开展起来，党务会、开展民主会，都搞得很好。全营党务搞得很好，全营的思想和战斗力也加强了，他的威信也逐步建立了起来，那些老指导员也全都服气了。后来组织上让我当书记，我说我没那个本事，我就让覃明当，他年轻，有发展前途，也能干得挺好。

15. 当年很多年轻姑娘给您写信，还有文工团姑娘向您表达情意，您为什么要坚持回老家找对象？并且一定要求对方是党员？

王占山：那时候我们志愿军是"最可爱的人"，我是战斗英雄，还年轻，是挺招人的（大笑）。当时苏联红旗歌舞团的女演员都非常热情，也非常漂亮，对我很好。我收到了很多信件，还有人亲自找来的，都要跟我谈一谈。我说不行，我还是想着回家找对象。我要找的人首先必须是党员，这是硬条件，也是组织上的要求。我也是这么想的。为什么要找老家的对象呢？因为父母都在老家，他们也需要照顾。我当兵在外，为国尽忠，忠孝不能两全，我得找个家乡的媳妇，还能替我在二老面前尽孝。

16. 您在当团长的时候，不但搞训练，还开垦了一个5500亩的农场？

王占山：是，我种过庄稼。那个时候我们485团搞自力更生，响应师党委号召。我们485团就在安阳县高庄改造农场，部队伙食那时候也不是很好。因为训练任务比较重，有些连队粮食不够吃，于是我们就开展自力更生，自己搞了起来。当时高庄那里都是白花花的盐碱地，能种庄稼的地很少。后来我就想办法，找到了师农场的专家，他们告诉我，盐碱地要挖开用水泡，把盐碱都泡到土层下面去，这样才有可能种庄稼。我们就在高庄开始搞了起来，挖地，泡盐碱，什么时候算好呢？就是把手指头泡在水里，然后放到嘴里用舌头舔，如果舌头麻那还不行，直到舌头不麻，那就是把盐碱压下去了，我们跟搞试验一样。一开始的时候谁的心里也没有底气，所以一开始试种的庄稼面积比较小，也就种了30多亩稻田。种完了稻田我们就天天看着，施肥，结果那一年丰收了，收成很好，我们自己弄的机器，自己打的米，那米很黏很甜，非常好吃。我们就把米送到师里，师首长很高兴，我们也分给各团不少。30亩田种好了，心里自然就有底了，然后扩种开了，我们整个把盐碱地翻了一遍，全都给种上了庄稼。我当485团团长的时候，一直把农场种庄稼的事情当成大事情来干，一来可以改善我们团的伙食，二来多余的粮食都给国家交了，可以给国家做贡献。等我调到师里当副参谋长的时候，就把种庄稼的工作也一并移交给新的团长了（大笑）。

17. 听说您离休后还坚持天天看《新闻联播》?

王占山：我天天都看《新闻联播》。虽然离休了，我还想了解国家大事，我得知道我们国家的边境情况。我还知道现在国家扶贫搞得特别好，我弟弟还在唐山丰南老家务农，国家每个月也给他们发钱，他们生活都很不错，这我都知道。

18. 您和老伴结婚多少年了?

王占山：我和老伴1956年结婚，到今年已经在一起65年了。我的老伴是个好老伴，她是老党员，非常支持我的工作。可是在生活中我很亏待她，我心里知道。我在部队上对家里几乎都没负什么责任，都是她在家里带着孩子，很不容易。这一辈子，我第一个就是要谢谢她。

19. 对孙辈，您对他们有什么希望和寄语？

王占山：他们已经工作了，一定要好好工作，把精力放在工作上，听党的话，加入党组织，为党做好工作。

20. 您在离休之后，还在安阳关心下一代委员会任职？还曾经资助过20多名贫困学生完成学业？

王占山：我是安阳市关心下一代委员会的副主任（笑）。也算是个领导。孩子们都是祖国的未来，国家的将来就是要靠他们，他们将来能发展成什么样，国家将来就是什么样。我小的时候处在国家动乱年代，现在和平了，国内也没有侵略者，孩子们的学习环境好了，在学校把学习搞好，就是他们的"战斗"任务。建设国家需要知识，我希望每个孩子将来都能成才，把智慧奉献给社会，好好继承老一辈的光荣革命传统。老一辈流血流汗，甚至献出生命，就是为了给现在创造和平环境。现在不用流血，流汗就行，学生们把学习搞好了，就是把"战斗"任务完成好了，就是冲上去了。战争年代没有条件都要创造条件学习，今天和平环境更要好好学习，不能掉队。

21. 我们知道您在1998年抗洪，以及汶川地震、玉树地震中都带头捐了钱和物，您当时是怎么想的？

王占山：咱们国家从来都是一方有难、八方支援。我老家是唐山，那一年唐山大地震，全国各地的人民都支援唐山，唐山很快就建设好了。丰南县在唐山边上，那是我的老家。只要国家有事，我看电视都知道。有灾难发生了，我们一贯是有钱出钱、有力出力，我现在是出不上力了，我就出钱。我的工资是组织上给的，我花不了就拿出来，能解决点问题就解决点问题，这才是钱用到刀刃上。

22. 您从战争中走来，身经百战，您如何评价自己战斗的一生？

王占山：我是军人，保家卫国是我的职责，是我应该做的。我是共产党员，党需要我干啥我就干啥，没有二话。我身经百战，都是党交给我们的任务，我是共产党员，死又何惧？！

五　王占山年表

　　王占山，1929年12月出生，河北省丰南县（今河北省唐山市丰南区）人。

　　1945年5月，丰南县七区小赞公庄儿童团团员，担负站岗放哨、送信、送情报等任务，并协助锄奸斗争。

　　1946年4月，加入民兵组织。在攻打丰南县钱营镇敌军据点执行侦察敌情任务，抓获敌一名作战参谋，获取了敌兵力部署、行动路线图等重要情报，为战斗胜利作出了重要贡献。

　　1947年3月，任民兵队队长。

　　1947年10月，光荣入伍，成为东北民主联军8纵24师71团二营四连战士。

　　1948年6月，因练兵积极，立小功一次。

　　1948年8月，在辽沈战役前夕，光荣加入中国共产党。

　　1948年10月，参加辽沈战役。在攻打锦州、辽西会战、营口阻击战等战役、战斗中作战英勇，立大功一次。

1949年1月，参加平津战役。他冒着敌人炮火完成通讯任务，先后立大功一次、小功两次。战斗结束后，七连被45军司令部、政治部授予"金汤桥连"荣誉称号。

1949年9月，参加衡宝战役。

1950年，参加两广剿匪。

1952年11月，入朝作战。

1953年1月，任54军135师404团三营七连三排副排长，3月任排长。

1953年7月，在抗美援朝金城反击战中，时任排长的王占山随连队抢占巨里室北山408.1高地。7月18日拂晓战斗打响，敌军向408.1高地进行连续猛烈攻击。七连官兵连续奋战，伤亡惨重，阵地上只剩下王占山一名干部和76名战士。王占山带领全连战士在弹尽粮绝的情况下顽强坚守阵地五昼夜，打退敌人38次进攻，消灭敌人400余人。荣立一等功一次，被志愿军总部授予"二级英雄"称号，被朝鲜民主主义人民共和国授予"一级国旗勋章"。

1954年，参加由董必武带队的志愿军慰问团，赴大西南作事迹报告。

1955年9月，参加在北京举行的全国青年社会主义建设积极分子大会，代表七连三排领取团中央颁授的"朝气蓬勃"锦旗，和毛泽东主席合影。

1955年10月，参加国庆阅兵观礼。

1956年1月，前往河北昌黎扫盲速成学校学习，6月回到朝鲜参加平壤建设。

1958年8月，作为志愿军英模代表，受到金日成亲切接见。

1958年10月，随志愿军代表团在北京向党中央和毛泽东主席以及祖国人民汇报志愿军八年来执行抗美援朝斗争使命的伟大胜利，在怀仁堂受到毛主席亲切接见，并握手合影留念。《人民日报》大幅刊登了毛主席接见他的照片。

1962年9月，任135师警卫连连长。注重抓好军队体育运动训练，多次获得体育比赛冠军；后勤保障成绩突出，受到军政委点名表扬。

1963年5月，任135师404团二营副营长。

1965月8月，任135师404团二营营长。扎实抓好军事训练工作，部队战斗力得到较大提高。

1969月3月，任135师404团副团长。

1969年10月，随部队从云南省宾川县调整移防到河南省安阳市。同年12月，部队番号改为162师。

1970年6月，任162师485团团长。带领全团参加师射击大比武，荣获第一名。

1974年8月，任162师副参谋长。

1975年、1978年，分别当选第四届、第五届全国人大代表。

1979年1月，任162师副师长。

1979年2月，在中越边境自卫反击作战中，参与指挥162师进击复和、合围高平、奔袭广渊、会攻重庆等战役战斗，前后五战五捷，歼敌2000余人。特别是在进击复和战斗中，前方部队物资告急，因复和河水流湍急，200多辆军车无法通行，王占山带领部队，冒着敌人密集的炮火，边打仗边架桥，历时42分钟牺牲24人完成舟桥架设任务，成为我军历史上在敌人火力封锁下成功抢架制式舟桥的经典战例。《解放军报》在《自卫还击作战经验选登》中介绍了他的先进事迹。

1979年10月，任河南省安阳军分区副司令员。

1983年8月，任河南省安阳军分区顾问。

1987年5月，离职休养。离休30多年来，他情系国防事业，倾心传播红色基因，应邀担任10多所学校和单位的"校外辅导员"，深入部队、学校、少管所、企事业单位等做英模事迹和革命传统教育报告300余场次，受教育人员达10万余人，捐款资助学生20多名，帮助10多名失足青少年改正错误，走回正途。

2002年12月，被河南省委组织部、省委老干部局、省关工委表彰为"优秀校外辅导员"。

2004年11月，被原济南军区表彰为"先进离休老干部"。

2007年8月，出席庆祝中国人民解放军建军80周年暨全军英雄模范代表大会，受到中央军委主席胡锦涛亲切接见。

2010年10月，被省委组织部等四部门联合表彰为"河南省关心下一代先进工作者"。

2014年10月，被原总政治部表彰为"全军先进离休干部"。

2014年11月，被中央组织部表彰为"全国离退休干部先进个人"。

2020年10月，荣获"中国人民志愿军抗美援朝出国作战70周年纪念章"。

2021年6月，出席中共中央在北京举行的庆祝中国共产党成立100周年"七一勋章"颁授仪式，中共中央总书记、国家主席、中央军委主席习近平亲自为其颁授"七一勋章"。

六　河南省军区党委作出向王占山同志学习的决定

　　日前，河南省军区党委印发《关于向王占山同志学习的决定》，号召全区广大官兵、文职人员、老干部、职工向"七一勋章"获得者王占山同志学习。

　　《决定》指出，王占山同志是永远信党爱党为党跟党走的忠诚战士，是历经战火硝烟的百战老兵，是永葆初心本色的功勋模范，为党和人民作出了杰出贡献，是共产党员的杰出代表。战争年代，面对枪林弹雨，他冲锋在前、不怕牺牲，为我国革命事业立下赫赫战功；和平时期，面对功勋荣誉，他从不以功臣自居，不计较个人得失，退而不休、情系国防，为赓续传承红色基因积极贡献力量。大力学习宣扬王占山同志的感人事迹和崇高品德，对于教育引导广大官兵深入贯彻习近平新时代中国特色社会主义思想和习近平强军思想，坚定理想信念、牢记初心使命、弘扬光荣传统、扛起责任担当，奋力推进一流省军区建设具有重要意义。

　　《决定》要求，各级要深入学习贯彻习主席在"七一勋章"颁授仪式上的重要讲话精神，深入学习"七一勋章"获得者"坚定信念、践行宗旨、拼搏奉献、廉洁奉公"的高尚品质和崇高精神，广泛开展向王占山同志学习活动。要学习他信念坚定、铁心向党的赤胆忠诚，坚定自觉地用习近平新时代中国特色社会主义思想特别是习近平强军思想武装头脑，增强"四个意识"、坚定"四个自信"、做到"两个维护"，贯彻军委主席负责制，做到绝对忠诚、绝对纯洁、绝对可靠；学习他英勇顽强、不怕牺牲的革命精神，始终把打赢使命举过头顶，瞄准强敌谋战研战，发扬我军"一不怕苦、二不怕死"的战斗精神，淬炼革命军人的血性胆气，扎实推进军事斗争国防动员准备；学习他在党为党、奋斗不息的价值追求，坚持把党的事业扛在肩上，做到知责于心、担责于身、履责于行，始终保持昂扬的精神状态和一流的工作标准；学习他初心不改、永葆本色的崇高境界，加强品行修养，坚持克己奉公，严守纪律规矩，清清白白做人、干干净净做事。

　　《决定》指出，今年是中国共产党成立100周年，站在强军事业的紧要当口、站在国防动员事业转型发展的新起点上，各级要充分认清开展向王占山同志学习活动的重大意义，切实加强组织领导，周密安排部署，迅速掀起热潮。要深入学习贯彻习近平新时代中国特色社会主义思想特别是习近平强军思想，深入学习贯彻习主席在庆祝中国共产党成立100周年大会上的讲话，把开展向王占山同志学习活动与党史学习教育结合起来，与当前正在做的工作结合起来，引导官兵学英雄事迹、走英雄道路、创英雄业绩，在全区形成崇尚先进、见贤思齐的浓厚氛围，激励广大官兵牢记党的性质宗旨，牢记党的初心使命，不懈奋斗，永远奋斗，为建设一流省军区作出新的更大贡献。

附录 他们心中的王占山

一 家人讲述英雄事

席蕴兰访谈

受访人：席蕴兰（王占山老伴 1935年生 党员）

访谈人：齐峰

时　间：2021年7月6日

地　点：安阳军分区干休所

1.阿姨您好！您什么时候和王副司令相识的？

席蕴兰：我们是相亲的，应该是1956年，他从朝鲜回来在昌黎学习的时候，那时我是22岁。

2.你们初次见面在哪里？在一起吃饭了吗？

席蕴兰：在昌黎的速成扫盲中学，是他四妹子带着一起去的。坐火车去的，一会儿就到了。见面的时候我还记得，第一眼就看到他胸口别着军功章，那个时代挺崇拜英雄的。

中午一块吃的饭（笑），吃的炸黄花鱼，晚上走的时候是对虾馅饺子。

3. 您算是和王副司令一见钟情吗？

席蕴兰：（笑）我从小就知道他，我姥姥家在他们村。1956年他从朝鲜回来，很多部队的人都在昌黎速成中学学习文化，他也在那里。我舅舅跟他家隔了两个门口，我小时候也经常跟他三妹子一起玩。我小的时候，他妈就喜欢我，后来结婚之后，我妈就说：总惦着就让给惦记着了（笑）。然后我们就开始通信。夏天的时候，他放假了，第二次见面他给我一块手表，是他抗美援朝的纪念表。这是他送给我的第一份礼物。

4. 王副司令送您表是表达心意吧？您回礼是什么？

席蕴兰：是，表给我了，就知道他的心意了。我给他的回礼是漂白布做的衬衣，还有打的毛背心，上面织的凤尾花，马上就要到秋天了，天凉的时候能穿。

5. 您跟王副司令结婚是什么时候？您决定跟他终生相守，是因为他是英雄吗？

席蕴兰：我和他结婚是在1956年10月26日。那时候我叔叔还劝我，说跟当兵的结婚不好。我说我愿意就行了。当时看中的，是他这个人老实可靠，不会有二心。10月26号结的婚，12月份他就回朝鲜了。

6.再次相聚又隔了多久？

席蕴兰： 第二年，1957年春天回来的。生大孩子的时候他回来的。1958年他们部队就都从朝鲜回来了。他回国之后，我们就两地分居，有了小孩也没有在一起，一年见一面，有时候一年也见不了一面。1957年生大小子，他从北京开完会回到四川璧山（部队驻地），1960年11月探亲又到江津（当时他在135师师部训练科当参谋，驻扎在江津），女儿1961年11月生的。

7.那您是随军到了部队？

席蕴兰： 是，我是1960年10月随的军。虽然是随军，他一星期不回家一次，孩子们有时候一个月见不到爸爸。他晚上回来的时候，孩子们都睡着了；早上他出发了，孩子们还没睡醒。跟当兵的过日子，就是感觉到累和苦。他从来都不管家里，很少回家。他会议多，训练多，一出去就几个月，不管家，完全都是我一个人支撑着这个家。我身体那时候也不好，孩子们也受罪。他对孩子不亲，不知道怎么表达。退休以后好点。年轻的时候就不知道有个家，不知道怎么管理这个家，吃穿根本不管。不管到哪里，多长时间，都不会给孩子买东西，给孩子带点小衣服、背心，他不会。有一次在北京开会，带回来一把花生、几个枣和栗子（笑）。随军之后，我工作也忙，搞行政工作。那时候小闺女还小，拉肚子差点没死了。他在部队都不知道，带那么多兵，我理解他，我也从来没因为家庭问题跟他吵架过。

8.王副司令在家里会帮着做家务吗？比如做饭？

席蕴兰：那时候他一年到头回家是有数的。部队上忙的时候，他平时就不回家睡觉，一年也见不了多少面。孩子跟爹不亲，孩子们他都没管过。他在家的时候，孩子们饿了他也不会管。到了安阳这里就好一些了，团部很近，他跟孩子们见的时间也多了一些。做家务的事情不能找他，做饭人家也不会。

9.王副司令在战场上九死一生，和平时期又全身心扑在部队工作上，您这么支持他的动力是什么？

席蕴兰：他活到现在不容易，在老家的时候差点被还乡团给砍了，绑都给人家绑起来了，多亏他命大跑得快。朝鲜战场上他是死里逃生，头、眼睛、牙、耳朵都受到过损伤。谈对象以后，我看他不停擦眼睛，后来才知道，他打仗留下的后遗症，眼膜受损了，现在一个眼睛是失明的。他还有晕倒的毛病，随时都会晕倒，也是在朝鲜打仗时留下的后遗症，弹片在脑袋里没拿出来。他晕倒的时候挺吓人的，浑身发抖，牙关紧咬，浑身出大汗。可过一会他就能醒过来，看着特别可怜。他这一辈子挺遭罪的。

现在日子和平了，家里的事情说两句就过去了，所以说，我也不埋怨他，虽然累点苦点我觉得生活还是不错的，没有大风大浪，家庭和平美满，孩子们也争气，这一辈子也算满足了。说实话，年轻的时候付出太多，太累太苦，在云南的时候我有病大吐血，瘦得跟麻杆一样（哭）。苦点累点都过来了。最累的时候在云南，他早上出操，晚上学习，一学习就学到九点，晚上不回家，要不就半夜回家。上班一天都不休息，两个孩子都需要带，吃水都到河里去挑，都是我一个人，他的人影都见不到。家里的事情都不指望他，孩子小的时候我自己干，啥事都不用他操心。大孩子当兵是自己考上的，他为国家做贡献，我给家里能多做点什么，就多做点什么。我性格也比较刚强，我不给他拖后腿。我就觉得，一个人十全十美是不可能的，他九死一生不容易。他是什么时候都拿得起放得下，他不钻牛角尖，现在年纪大了脾气有点小孩子脾气，不是说老小孩老小孩嘛（笑），我非常理解他。

10.没离休前，王副司令跟战友在一起的时间是不是比家人还多？

席蕴兰：部队也是他的家，他这个人跟战友都是家人。他当营长的时候，教导员叫覃明，他们相处得非常好。他还帮着覃明的爱人去找医院看病。当时覃明的爱人身体有病，覃明在外学习，后来好像也生病住院了，无法陪同爱人治病，一家人让人看得着急。正好他要到北京去开人大会，那时候他是人大代表，去北京开会，他就到北京给覃明爱人找人找医院。找来找去，就找到了北京协和医院。因为覃明在营里工作脱不开身去不了北京，就把爱人托付给了他。他就带着覃明爱人到协和医院看病。他大清早就起来，到医院给覃明爱人排队挂号。他让覃明爱人晚点来，然后把挂好的号交给她。一连十多天都去排队。覃明爱人的那种病当时不常见，是很难治的一种病。协和医院一看是疑难杂症就收了，他们要跟踪研究、做试验，就这样他带着覃明爱人在北京治了一两个月的病。他们家的孩子都归拢到了我们家，两个家合并成了一个家。覃明的孩子都说："我妈的命，都是你们老两口给的。"覃明爱人还是我们家老大的老师。我们两家人的关系相处得特别好，他们两个人相处得也跟亲兄弟一样。这么多年两家一直联系着，孩子们也联系着，关系也非常好。

11. 王副司令在家发过脾气吗？在外面他爽直的性格给他带来过麻烦吗？

席蕴兰：他这个人一般不发脾气，他在家里没有啥情绪，他对生活上也没得挑。他的性格就是他对人都是一样好，跟谁都好。大咧子，跟谁都直，跟你说话你不能在乎他说什么，我在后面跟人家解释：我老头就那样，说话张口就来，不会弯着转着。他还爱开玩笑不分场合，跟谁都合得来。他这个人是直来直去，爱憎分明。有个事情很多人都知道，当年梁大门是他们师政委，王占山曾经当过师警卫连连长，梁大门对他很是器重，两个人关系很好。后来梁大门政委受到冲击，周围人都对梁大门躲远远的，连以前跟梁大门很近的战友也都躲着走。当时已经是团长的王占山却毫不避讳，他就敢正大光明地去看老首长。梁大门自己跟他说："你不要因为看我受到连累，以后不要来看我了。"他就说："你是我的老首长，我是您的警卫连长，我看老首长，别人爱怎么说就怎么说去。"他就是这样一个直人，谁都拿他没办法，说话直来直去，办事直来直去，不会藏着掖着，该怎么样就怎么样，这么多年他一直这样，没有改变过，这样的性格肯定得罪人。

12. 王副司令生活中是非常有趣的人吗？

席蕴兰：我给你讲一个他的真实事情，你就能知道他是一个什么样的人了。大概是1958年，他们这些被评上战斗英雄的进北京。人家提供的是西餐，他和战友们都吃不饱，一般人吃不饱就对付吃吧，请你吃饭你还能挑是咋的，他不，他吃不饱就直接说，最后毛主席和周总理都知道了。毛主席和周总理一看西餐确实也不适合这些战斗英雄的胃口，就赶紧指示做中餐。第二天他们就吃上中餐了。他们这些人能吃饱了，就都消停了。他就是这么个实在的人，说话直来直去，你就不能跟他计较，他这个人没有心眼。还有一个他自己闹的笑话。当时他出席北京英模会，住在京西宾馆，他晚上睡不着觉，因为屋里的灯特别亮，在屋里又找不到灯绳，他实在受不了，就开始在墙上可以按的地方都按一气，他大概知道有开关是可以控制电灯的。没想到楼内突然"警报"响了，楼内所有的人迅速撤离到了楼的外面，原来他把警报器给按响了。多亏楼里住的都是战斗英雄，跑得快。这个笑话他自己时常讲，讲着讲着他自己就先乐起来，自己给自己开心。他就是这样一个人。

13.结婚以后王副司令送您礼物吗？

席蕴兰：结婚前送过表（笑）。他这人有时候也记着日子，每年的结婚纪念日都记着。前几年的结婚纪念日，跟闺女一块给我买的戒指，这个戒指我一直戴着。他这个人嘴上不会说。还有，40周年结婚纪念的时候特意去照了相穿了婚纱。60年结婚纪念的时候，到饭馆庆祝了一回。他还惦记着给我买手镯，一直说。前年买了，我们俩一块买的，他要买一个，我说买两个，好不容易说给我买手镯，为啥要买一个？我一下买了两个（笑）。

14. 祝您和王副司令幸福美满，健康快乐！

席蕴兰：谢谢！

王克林访谈

受访人：王克林（王占山长子 1957年生，党员，
　　　　安阳市环保局退休干部）

访谈人：齐峰

时　间：2021年7月7日

地　点：安阳军分区干休所

1.您小时候，能把心目中的英雄和父亲画上等号吗？

王克林：我小的时候对父亲印象不深，我是1957年出生的，4岁的时候跟着到了部队，我姥姥带着我到了四川的江津。下了火车的场景，我依然还是能记得很清楚，是我父亲和战友一起接的我和我姥姥。我下火车才知道，眼前的这个人是我爸爸。

我在部队幼儿园，姥姥回老家了，我就成了全托，一个星期接回家一回，也看不着父亲。实际上离得很近，那时父亲在师部当警卫连连长，他也不回家，经常见不着。但我知道父亲是战斗英雄，我想象的英雄就是他那样，心里还是很感到骄傲的。

2.在您记忆里，父亲经常抱您吗？

王克林：我跟着母亲和姥姥从老家到部队，从在火车站见了面到以后，印象中他还真没抱过我。那天从车站出来，他在

前面走，我就在后面跟着。到大了以后才知道，父亲觉得一个
军人干部抱着孩子让人看起来不像话，其实在家他也不抱我。
但是小时候看过父亲抱着妹妹，心理非常羡慕嫉妒，那时候很
敏感、很失落。父亲对我跟妹妹不一样，我学习不好就要挨打
和被训话。我感觉我那时候学习成绩不好，就是他连训带打的
结果。

3.有战斗英雄的父亲，您是不是内心也感到很自豪？

王克林：我从4岁那么小的年纪就知道父亲是个战斗英
雄。他在部队里是相当出名的，应该说是唯一的。但是，我
跟同学不说。父亲是战斗英雄，对我来说，好像是我有光环，
别的小孩会对我羡慕嫉妒，都是军队子弟，在一起玩，我得
保护我自己。6岁的时候，父亲到了璧山485团二营当营长，
小学读书是璧山市完小，我对父亲的身份守口如瓶，小时候
一直为父亲自豪，即便挨他打。

4.父亲对你的学习要求很严格吗？

王克林：他对我在学习上的要求，除了严格还是严格，
其实他在学习上辅导不了我，更没有时间。我记得那时候我
作业做得慢，他就会训我，他会为我的学习着急。在他印象
里，学习就跟训练、打仗一样，都必须快。

5.在记忆里，您父亲对您母亲好吗？

王克林：父亲对母亲还是非常好的。他这个人年轻的时候家庭观念很差，但是他对我母亲一直很尊重。他不经常回家，到家之后，我母亲说什么他还是挺在乎的。他们几乎没有吵过架，在家属院里，也有打老婆的事情发生，但是我父亲对母亲从来没有动过手。父亲不管家，那时候他真的很忙，能抽时间回家，也只能是一天半天的。在外面作训几乎占据了他所有时间。

6.小的时候，父亲送过您礼物吗？

王克林：给过子弹壳、炮弹支架（大笑）。他的工资我们没有花过，都是花我母亲的钱。其实他对我还是非常好的。我一直记得，也很感动的一件事，是在我十三四岁的时候，我喜欢上一身运动服，26块钱，我记得很清楚。那可是70年代啊，但是我真的非常喜欢，我回家也没说一定要让大人买，就是装作漫不经心似乎是很随意地说，供销社有这么一套运动服。当时我很自尊，少年自尊，我没说非得要，但是意思已经表达足够明确。至于父亲给不给我买，其实也没抱什么大的希望。毕竟那么多钱，相当于他半个月的工资。当时他一定是听到了，但是啥也没说。我以为这个事情就这么过去了。可父亲却给了我很大惊喜。有一天他回来提着包进门，也是那么漫不经心随手扔给我，给你的！然后也不看我了。我打开包一看，竟然是我看上的那身运动服！你想一个少年的心当时多么激动，我这一辈子都记得这个事情。那时候他年轻，对孩子不会表示，就是天天非常严厉地训你，还偶尔抽出皮带抽你一顿。我拿到运动服之后，心里特别高兴，我知道他对我的好，随便抽我屁股都没事了这回（大笑）。他对待孩子跟对待他的士兵一样，站如松，坐如钟，睡如弓。后来打没打过我我都不记得了，但是，这一套运动服却是在一生中温暖着我。

7. 您早熟吗？父亲总不在家，您又是老大又是男孩？

王克林：我是打出来的早熟（大笑）。我学习不好就挨打，他是解开皮带就打，疼不疼记不得了，主要是气氛比较恐惧。母亲在一旁也不拉着，有时还双打，他们俩合起来一块打我。为什么打我？主要是布置给我的任务完不成，例如带妹妹，他们都不回来，管妹妹吃饭，收拾屋里，洗碗刷锅洗衣服什么的。父母都忙工作，他们早上七点出门，晚上九点还回不到家，等他们回来看到锅也没刷，碗也没洗，我和妹妹玩得乱七八糟，脏兮兮的，再加上回来工作累，心情也不痛快，正好我成了出气口。那时候我能让自己和妹妹吃上饭就不错了，还刷锅洗碗？有点时间肯定都出去玩了，刷锅洗碗早就忘到脑后了，那时候因为这个没少挨揍。挨打是家常便饭，现在回想起来，那时候他们太官僚，对小孩要求太高。

8.您在逆反期和父亲是如何相处的？

王克林：逆反期？当然有，但也只能是在心里想想，绝对不敢表现出来。记得我上二年级的时候，我母亲下乡去搞社会主义教育，那天父亲跟我在家里，早上还没睡醒就叫我起来，让我去上学。走的时候给我5分钱吃早餐，我买一块糍粑吃就是当早餐。我被父亲赶出家门之后，天上都是星星，天好像还没亮。我稀里糊涂出了家属院大门之后，发现街上怎么一个人也没有，天还是黑着的。后来我明白了，父亲是按照他的作息时间，把我当成士兵来管理了，他认为孩子跟士兵一样，出早操的时间就是上学的时间。回去再睡会儿？想都不要想，既然出来了，就不能回去。我当时心里也很矛盾，不能回去是肯定的，回去也没面子，还得挨一顿训，等着吧，一会儿天就会亮了。

9.您看到过父亲身上的伤痕吗？

王克林：我五六岁的时候，父亲带着我一块去部队澡堂洗澡，我看到他身上的伤痕，这里一块伤疤，那里一块伤疤，心里很疼，一点也没有光荣的感觉。小的时候听他讲故事，问起他的伤痕，他就告诉我，这里少一块是咋回事，是枪伤；这块地方是炮弹皮炸的；还有那块伤都是咋回事儿。他没有把自己身上的伤疤当回事儿，给我的感觉是，他觉得这些伤疤很光荣。

10.您觉得战争对您父亲影响大吗？

王克林： 大。我父亲的战争后遗症就是随时都会晕倒。在我五六岁的时候，一天在家里吃饭，父亲突然晕倒了。母亲吓坏了，我当时也蒙了，以前母亲也是听说过，但没有见过，这一次见到了。我年纪小也不知道做什么，我非常清晰地记得，父亲身体往后仰倒下去了。他的这个后遗症一直没有办法治疗，到现在也没有治好。比较难办的是，晕倒的时间、地点、场合，他自己根本控制不了，等过了一会缓过来之后，他还是该干啥干啥。我的理解是，他是战斗英雄，能撑得住就绝对要撑住，但遭罪的是自己。其实每次晕倒，不但危险，也一定非常痛苦，我母亲说每次他晕倒都牙关紧咬，浑身大汗淋漓，身体哆嗦，这种痛苦没法体会。但是我能想象得到他的痛苦，这需要强大的意志力来忍受，所以我不敢，也不能去气他。我问过他，晕倒的时候，有感觉吗？他说，醒过来的时候，能听到我们在叫他，具体躺倒了多长时间他不知道。他感觉到要晕倒的时候就拼命控制自己的身体，不能往前倒，一定不能往前倒，结果就仰倒到后面。为什么不能往前倒？因为吃饭的时候，他会栽到菜盆里，走路的时候，会伤到面部。他性子急，小的时候因为怕惹他生气，怕他激动，我和妹妹必须无条件听他的。他一说，我们马上就得做，动作慢了还不行，该干啥马上就得干啥。母亲也说，别惹你爸，主要怕他晕倒。父亲脾气暴躁，跟脑子里有弹片有关系，所以我们都得哄着他。

11. 您觉得父亲对荣誉非常看重吗？

王克林：他保留着所有的奖章和证书。我觉的军人是很爱惜自己荣誉的，那些荣誉都是上级对他的表彰，也是对他作战勇敢的认可。在我六七岁的时候，我经常在家里翻他的英雄事迹介绍和奖章，并且他的事迹在162师的荣誉室都有记载，我也经常看到。说实话，我心里还是挺敬佩、挺自豪的，挺为父亲感到骄傲。我那时候走路，腰杆也很直很硬（笑）。他的军功章、证书随便看，可以拿出来玩，但是不允许拿出去，不能在外面炫耀。父亲说："老子英雄儿好汉，你得好好学，别给我丢人，别老子是英雄，儿子是混蛋了。"（大笑）所以说我心理上还是很反感别人说"你是英雄的儿子，你必须怎么样怎么样"这样的话，所以我也从来不在外面说我父亲是英雄，别人都知道了会说，啊，你是英雄的儿子，所以你要怎么样怎么样。那样的话，我自己压力会大。我不能给自己压力，干点调皮捣蛋的事情，我会受到影响（大笑）。

12. 在您心中，您觉得父亲是英雄吗？

王克林： 任何时候，都觉得父亲是英雄。从小父亲就跟我说，要拥护共产党，热爱祖国，遵纪守法，做个本分人。父亲言传身教对我影响很大。他经常跟我说：我们家祖辈都是共产党。我的父亲是共产党员，我的儿子也是共产党员，一家三代全是共产党员。他是那种发自内心的朴实想法，绝对真实自豪。

13. 对于您来讲，英雄父亲是称职的父亲吗？

王克林： 小时候真的没有感觉过，长大之后能理解，长大之后的感觉跟小的时候感觉不一样。小的时候觉得父亲不顾家，其实我父亲对家庭的责任是藏在心里的，我现在认为是这样。他当营长、团长的时候，对家里没什么帮助，工资都是给战友了，给自己身边的战士了，给老家了。等对越自卫反击战打完之后，他到了安阳军分区，那都是80年代之后了，他的工资资助别人的机会少了，钱就能给家里用了。以前的工资家里都留不下，母亲应该有怨言，因为家里钱靠她一个人，确实也不够花。

　　我初中毕业之后就当兵了，16岁入伍进了空军预备学校，我家庭出身、政治素质好，只有这个是借父亲光了。我1977年复员之后分配到印刷厂当钳工，当时接收单位有公安，他不让我去公安，说工厂简单，工厂好，我就去工厂了。

　　他对孩子的爱不是表现出来的，其实他心里有。他经常不在家，我从小吃食堂长大的。一次母亲不在家，我放学就跟同学去后山他家去玩。他家的鸡丢了，我就帮人家去找鸡，找的时间有点长，从山上下来时天已经都快黑了。我想那时候父母都没回来，妹妹也不在家，我回家没意思，就在外面又玩了一会儿，八九点钟才到的家。到了家属院，别人说你爸爸找你呢，还让战士们一起帮找。我当时就吓坏了，平时都不回家，今天咋就回来了呢？我回到家里，他就拿出皮带先抽了我一顿，问我为什么不早点回来，我赶紧说我帮人家去找鸡了。这时候他才停下来不打了，开始问我吃饭没有？走，我带你吃饭去！打完我一顿，还带我一起吃饭！大概他觉得我是去做好事了，不是到外面胡闹去了，顺带让我吃顿好的，奖励我一下。我感觉他是心里热表面上不会表现的那种父亲。

14.您对父亲的理解从什么时候开始？

王克林：我上初中之后，才慢慢理解父亲，他实际上就是一个铁血军人，他有很强的使命感。作为他们那一辈来说，他们是从心里热爱共产党的。我爷爷就是农会的，是共产党员，父亲小时候当过儿童团，干过区小队，他那时候就知道必须跟共产党走。到了抗美援朝保卫祖国，在战场上寸土不让，跟敌人殊死搏斗，他这一生就这么过来的。我能理解他们这一代人。

15.您工作后，父亲对您的入党问题是不是很关注？

王克林：是这样。我工作以后，父亲一直关心我是否入党，直到我入党之后，他才彻底放心，也非常高兴。后来我妹妹也入党了，他也非常高兴，现在我们全家都是共产党员了。

16.老家亲属找过您父亲帮忙工作上的事情吗？

王克林：有亲属找过他，但是他从来不管。但是有一件事情他管过。那是他从朝鲜回来，到在朝鲜战场时牺牲的七连指导员张冠佐家里去看过，还了解到马占海家里的孩子跟着老人过。他就到处找人，找家乡那些留在当地的以前区武工队的战友，让他们帮助张冠佐和马占海家里。我父亲在区小队的时候，张冠佐也在区小队，那个时候就是他的领导，参军之后，更是他的指导员，父亲只能用这种办法来帮助他最亲密的革命领路人。我知道的就这些。

王秀香访谈

受访人：王秀香（王占山女儿　1961年生，党员，
　　　　安阳军分区干休所干部）

访谈人：齐峰

时　　间：2021年7月8日

地　　点：安阳军分区干休所

1. 在您小时候，能经常见到父亲吗？

王秀香：不经常见到，那时候他不经常在家。

2. 您小时候感觉到的父爱多吗？

王秀香：我能记得父亲爱抱着我。我上小学的时候，父亲经常不在家，我是托付给阿姨的。我小时候就跟别人说：我爸爸是英雄。我那个时候渴望每天都能见到他，但总是见不到。

3. 父亲经常不在家，您是不是觉得他对家庭没有尽到责任？

王秀香：家庭生活方面父亲确实没太关注，但是，在孩子的学习方面，在其他方面，他是尽到责任了。母亲不愿意当随军家属，要工作要独立。母亲不依靠父亲工资，用自己工资来满足家庭生活开支需要。父亲的工资寄给老家，养活一大家子。但我觉得父亲的心，还在家里。

4.在你的成长过程中，父亲对你要求严格吗？

王秀香：我小时候不会写作文，父亲也不教，估计他也不会，但是他会鼓励。他说：你写的让我听听，不错挺好，好好学，将来考上大学，咱们家祖坟冒青烟！他一夸我就高兴，我就能写得很好。

5.您觉得父母的爱情很纯粹吗？

王秀香：父亲回国时是拄着拐杖的，脸上的伤也没好。当年他是最受追捧的"最可爱的人"，他跟我们讲过，他在朝鲜就收到很多求爱信，一麻袋一麻袋的，好像还有文工团的主持人都找过他。我父亲这个人挺有意思，他说自己想找自己家乡的，就一个要求，对象必须找党员。当时，我母亲是预备党员。他们恋爱结婚，我觉得他们的感情非常纯粹。

6.印象中父亲对你最大的影响是什么？

王秀香：硬汉精神。他什么事情都自己撑着，就是有病也硬撑着。对我们也都比较狠，不允许我们犯错误。另外，他说什么就得做什么，但他也不是不讲道理的人，他是一个很慈祥的父亲。另外，就是父亲的孝心对我们影响很大。父亲是个孝子，把奶奶接到家里来一起住，我现在想起来非常感动。父亲对奶奶百依百顺，只要奶奶高兴的事情都做，那时候奶奶抽烟抽烟袋锅，父亲总是给奶奶点上烟袋锅，说来一口！抽一口！奶奶想吃什么，父亲就让做什么。我记得大冬天父亲去钓鱼，回来给奶奶做鱼吃，熬鱼汤喝。父亲还给奶奶洗澡，晚上睡觉贴身搂着奶奶。我觉得是父亲对奶奶有一种愧疚。当兵之后，他就跟着部队到处东奔西走，南征北战，从国内到国外，一直没有照顾到奶奶。我记得小时候我们全家吃粗粮，省出钱给老家人看病。奶奶走后，父亲就把灵堂设在他自己睡觉的屋子里。过了好长时间，父亲都缓不过来。

7. 您能讲讲您父亲认干妈的传奇故事吗？

王秀香：我父亲认的干妈很多，他特别愿意认干妈。在打仗的时候，是在打锦州的时候，他自己说，他住在老百姓家给人家干活，人家喜欢他，把他当成自己儿子。那时候他还不到二十，他认人家当干妈，等部队开拔，人家老百姓就不让他走。连长指导员来了都没用，说是你们说好了把他给我的，后来我父亲给干妈磕头，说好打完仗再回来才给放走的。他给人家干活，人家都喜欢他的实诚。后来他们部队打到湖南，打黄土铺战役的时候，战士们得了疟疾打摆子，部队卫生员也没办法，他就去当地老百姓家求人，老太太拿南瓜尖熬成水，灌到得了疟疾打摆子的战士嘴里，战士们病好了，他和战士们都叫老人家"干妈"。等到了安阳作训的时候，他带部队驻扎的村子叫杨家洞村，我还记得这个名字。他看到一个老太太，在村里无依无靠的很可怜，他就认了人家当干妈，村里人一看部队上的领导认老人干妈，都对老人家好了起来。一次"干妈"竟然找到了军分区大院，老太太带来了用绳子绑的串起来的油条，当地叫麻糖。安阳农村有串亲戚的习惯，这是当时串亲戚最好的东西。父亲把老人带到了家里，我们说：这是你们的亲奶奶！老人家非常高兴。后来我上高中的时候，父亲还带着我拿着东西去杨家洞村，去看我的干奶奶，他的干妈。

8.听您父亲说，他在打仗的时候喝酒。在生活中他爱喝酒吗？

王秀香：我父亲爱喝酒。家里人不让他喝太多的酒，他就偷偷喝。有一次突然听到酒瓶碎的声音，原来是他在家里悄悄喝酒，听到外面有声音，心一慌酒瓶掉地上了，满屋酒香好几天都不散。家里的酒都摆在那里，后来才发现，那些酒瓶拿起来一摇晃，都是空的了。也不知道他是什么时候喝的，酒瓶还跟以前一样摆在那里。为了喝酒，他还喜欢找各种理由庆祝，母亲节、孩子的生日、我母亲的生日等等，甚至是周末，都要求出去庆祝。久而久之，大家都知道了其中的奥秘，也不说穿。有一次我哥过生日，大家都响应他的要求，全家出去庆祝。但是却没有允许他喝酒，他就蔫头耷脑，一连几天闷闷不乐。等到我过生日，他再次提出要求出去庆祝，并且说好可以喝酒。临出门还吩咐我带酒，我说带了他还不相信我，特意在袋子里看看，看到有酒才放心，然后情绪大好，笑逐颜开。父亲喜欢喝散装白酒。我父亲喝酒很特别，不吃菜，直接仰脖喝，我问起来他为什么这么喝酒，他说喝酒解乏过瘾，对身体的伤痛也有缓解。这也是战场上养成的习惯，他打仗的时候身上有伤，这也许是他喝酒的原因。

9.您父亲好像抽烟？他烟瘾大吗？

王秀香：我父亲烟瘾很大。他年轻的时候就抽烟。他对烟没有特殊的要求，他这一辈子抽烟都是一般的烟，没离休之前烟抽得很凶。离休的时候被家里人限制一天抽一包烟，主要是为了他的健康，甚至烟还会被看管起来。他为了抽烟，还会动脑筋。有很长一段时间，家里人看到他在家里都没有抽烟的迹象，情绪也很正常，一度很庆幸，以为是他老人家已经下定决心戒烟了。可是他却莫名其妙约着我儿子一起出去散步，并且明显次数和时间多了起来。刚开始没怎么注意，因为孩子是他姥爷从小带大的，两个人感情好也很正常。直到有一天，我在儿子的兜里发现了一包烟，事情终于真相大白了。因为儿子不抽烟。我把儿子叫到他姥姥面前，他姥姥对我儿子进行审问："你就是这么帮你姥爷骗了全家人？你这是什么行为？"我儿子很委屈："我也是没有办法啊！"原来，我父亲迫使我儿子成为他的警卫员，是有铺垫和先见之明的。当年孩子小的时候都是他姥爷抱着，爷孙情深，外孙的要求都是有求必应。家里不让吃的小零食，都是姥爷偷偷给买，我不给买的玩具姥爷给买。到了现在，怕是外孙不同意做姥爷的"贴身警卫"都不行。姥爷肯定旧账重提，外孙顶不住姥爷翻小账，不用说，只得乖乖就范。我们家里人对于老人家的计谋都哭笑不得。其实家人都知道老人家抽烟的原因，就在他当武工队队员的时候，晚上在庄稼地里睡觉，野外有各种蚊虫，为了防蚊虫叮咬只能抽烟，抽烟会上瘾，于是抽烟的习惯沿袭了下来。也许老人家抽起烟来，还会想起在庄稼地里战斗的武工队岁月。我父亲说的一句话我一直记忆犹新，他说当年在朝鲜战场，一个战士把缴获的半包香烟给了他，他抽一口就有了精神头，继续带领战士们战斗，打起仗来更勇敢。他抽了几十年了，现在戒烟还真是停不下来，只能控制着让他能少抽就少抽。

10.您父亲生活中还有什么爱好？

王秀香：父亲对音乐有天生的喜好，会吹口琴，对乐器也是无师自通。他会很多乐器，也爱唱老家的皮影戏。可以想象，在军旅生涯中，一个精通音律的战斗英雄会在战斗间隙给战友们吹上一曲的情景。印象最深的，是我小时候睡觉时父亲给我唱过的歌曲："八路好，八路强，八路军打仗为老乡。日本鬼子欺负咱们老百姓，八路军帮助咱们打东洋，哎，打东洋，哎，打东洋！"我小时候喜欢听父亲唱歌。

11. 您父亲离休之后，他的时间都怎么安排的？

王秀香：我父亲有时候跟街道大妈一样，他愿意给人家调节家庭矛盾。记得在162师的时候，一个干部在农村订了对象，相处过程中好像有了误会，这个干部的对象就找到了部队。这个干部当时急了，说了很不近人情的话，那个姑娘在部队哭着不走，我父亲知道了就去找这个干部谈话，他跟人家说："人家不就是农村的咋的，黑一点不也挺好看的嘛，人家等了你那么长时间，你不能当陈世美。"他转身又去找女方做工作，后来两个人和好了。类似这样的解决矛盾的事情，他没少做。后来他到了安阳军分区，有的干部家庭出现问题，都主动来找他调解，他也愿意去做这样的工作，从头管到尾。

12. 您父亲经常说起当年一起参军的老乡和战友吗？

王秀香：他总是说，当年一起当兵走的老乡很多，但是活着回来的很少，他说活着回来别无所求，多做些工作，把他们的工作也做了。

13. 听说您父亲离休之后还是非常关心国家大事？

王秀香：可不是吗！南斯拉夫大使馆被炸，他马上让我到图书馆找地图，地图多大多大比例的说得清清楚楚。我把地图拿回家之后，马上把地图铺在地上，他那么大年纪，竟趴在上面，拿着笔在地图上又画又写。我母亲看到他认真的样子，就故意气他：你还能打得动吗？我父亲就气哼哼说：国家需要我，我就能打得动！

14. 您父亲是不是特别关注您入党的事情？

王秀香：我是1986年调到安阳军分区干休所的，我在医院要求进步，上班都要提前到单位，工作上很要求进步。到了单位发展党员的时候，在父亲的督促下，我写了入党申请书，我是1987年10月在安阳干休所入的党。

15. 您为什么学医？而且您选择的还是护士专业？

王秀香：我知道父亲随时会晕倒，他有这个战争后遗症，这在我们家是一件很大的事情。小的时候我就有印象，有时候吃着饭，他就会晕倒。后来他开玩笑一样告诉我们：不能往前趴，要往后仰，不能栽倒在菜汤里。他轻松的口气说出来，就是让我们不要太当回事儿。家里人都很心酸，也提心吊胆，就怕他随时晕倒，可是谁也不知道他什么时候晕倒。我小的时候有一次发烧，奶奶中煤气晕了过去，父亲突然在屋里也晕倒了，那个晚上我母亲几乎要崩溃了。我有记忆的是，家里就到处找医院找医生，找民间的各种偏方，都不管用。医院的结论是弹片在脑子里，还有脑震荡后遗症。父亲跟"保尔柯察金"一样，到处"躺"。说起来我学医的初衷，就是想要把父亲战争年代留下的病治好。另外，母亲的身体也有问题，照顾好父母是我的心愿，我从小就有当护士的愿望，我不想当医生就是想当护士，当年我报考的是空军军医学校，学的就是护理。照顾好父亲是我的责任，他这一生太苦太累了。能从战场上活着回来，他为祖国征战，我作为子女，一定要照顾好他的晚年。

我的战斗英雄爷爷

王志博

我从小就和爷爷在一起生活，记忆里对爷爷的印象一直就是军人的形象。爷爷当了一辈子兵，早就把部队的作风带到了家里，对我也一直按照军人的标准严格要求。每天早上天刚蒙蒙亮，爷爷就叫我起床，叠被子、洗漱都要快速完成，有时甚至会计时。直到现在，就算是节假日，早晨我都不愿意睡懒觉。

在爷爷家里吃饭，一直都是"风卷残云"。在他的带动下，大家吃饭时都不怎么说话，就像之后还有重要任务似的，快速把饭吃完，并且不会剩下太多饭菜浪费粮食。后来我在学校、单位食堂就餐，身边一些同学同事都很诧异我怎么吃饭这么快，我说这是从小养成的，改不了了。

在我还很小的时候，爷爷就教我部队的队列、军体拳，我最爱玩的游戏就是扮演军人。在大院里，我经常组织同龄的小伙伴们时而整队列、出操，时而分组对抗，常常因为玩得太投入忘记回家吃饭。后来在学校参加军训，我总是训练最刻苦、动作最标准的那一个，教官也告诉我，他觉得我有军人的气质。

爷爷特别守时，不管是大事还是小事，他都要最少提前1个小时准备好，从不迟到。每次家庭出外活动，他都早早地准备好东西，催促我们早点出发。记得我刚上学时，父母工作忙，就由爷爷来接我放学，每次我从学校出来都能看到他早早地在学校门口等我，后来从其他家长口中才知道，爷爷每次都是全校接学生的"第一名"。在他的影响下，我也养成了良好的时间观念，做什么事都提前准备，最怕的就是自己迟到。宁可早到等待，也不要迟到，这已经成了我的做事原则。

爷爷有看报纸的习惯，每天早上报纸送到门口，爷爷都要第一时间取回屋里研读。有时报纸送得晚了，他能往门口反复跑几趟。这些我都看在眼里，小小的我就觉得第一时间读上当天的报纸对爷爷特别重要，之后的每天早上我就守在门口，有报纸送到了我就取过来跑进屋去给爷爷看。爷爷非常高兴，夸我做得好，这让我兴奋极了，我要做更多这样的"好事"。于是我就把小伙伴们集中起来，带着他们挨家挨户的"抢报纸"，只要看见谁家的报箱里有新到的报纸，我们就赶紧取出来敲门送进去。那一声声的"谢谢"、"这孩子真懂事"都让我们这群"助人为乐"的小不点红透了脸。在我之后的成长过程中，不管能不能获得别人的肯定，帮助别人都成了自己最自然不过的想法和行为。

爷爷最关心的事，就是国家大事。只要他在家，家里的电视永远都是"中央一台"。爷爷最爱看的节目是《新闻联播》，每天晚上7点，他一定会准时坐到电视机前收看《新闻联播》。家里人都知道，这时候不管什么事情都不要打扰他，不然他真的会发火的！爷爷在鲐背之年仍心系党和国家发展建设，拥有深厚的爱党爱国之情。我在进行驻村帮扶工作时，每次抽时间去看爷爷，他都要拉着我的手问很多扶贫和乡村建设方面的事情。他经常叮嘱我要听党的话，多为老百姓办好事，办实事。

在他的言传身教之下，我始终不忘初心，牢记使命，继承光荣传统和优良作风，当好红色基因的传承者。如今，我奋战在乡村振兴的战线上，必将继续发扬实干精神，居安思危、艰苦奋斗，始终保持革命热情和拼命精神，为乡村振兴的伟大事业而不懈奋斗。

（王志博：王占山长孙，1984年生，安阳市环保局下属单位办公室主任，党员。）

我的姥爷王占山

陈 毅

我的姥爷王占山90多岁了。虽然在外面大家都说他是英雄，但是在与姥爷20多年的相处中他给我的印象不仅仅是英雄，亦是我的"父亲"与启蒙老师。

为什么姥爷又是"父亲"呢？我小时候父母就离异了，法院让我选择监护人，我选择了母亲，从此没了父亲。但让我没想到的是，当我回到家姥爷却悄悄把我拉到一边询问我情况，了解完情况后姥爷拍着我的肩膀对我说："以后，你就把我当你'爸'！有啥困难跟我说。"姥爷并不是很会安慰人，但是他的形象从此在我心中扎了根，我始终觉得他就是我的"父亲"！

从我3岁记事起，姥爷的形象就是"和蔼可亲、宝刀未老、宽容厚道"，俨然一副溺爱孙子的普通老人的形象。他在方方面面影响着我们的成长，用以身作则的方式将他那优秀的作风传统传承给了子孙后代。

在工作上，他在离休后依旧保持高昂的工作热情，给我们这些后辈树立了典范。小时候经常能看到他在干休所忙碌的身影，参加各类会议、组织关心下一代活动，等等。即使是现在90多岁的高龄，他依旧积极参加各类会议及各种活动。尤其是他参加的关心下一代工作委员会，经常去学校给学生们讲课、作报告，以加强青少年思想道德建设，引导青少年树立和践行社会主义核心价值观，支持和帮助青少年成长成才。其中就有一次，姥爷在去学校的路上碰到一群人围在一起"看热闹"，他赶忙上去观察，围在中间的是一个跪在地上的小学生和他的母亲，他向周围的人询问事情原由，原来这位家长因为孩子成绩不好便打骂孩子追到街上，还让自己的孩子在众目睽睽之下下跪承认错误。了解了原因后，姥爷拨开人群快步向前，一手拉起跪在地上的孩子，一手抓住这位母亲打向孩子的手腕，批评她不管是用哪种方式教育孩子也不该让孩子在众目睽睽之下挨打挨骂，更不该让孩子当街下跪，孩子也是有自尊心、有尊严的！随后姥爷还组织干休所内其他关工委成员一起去这位母亲家中给她做思想工作，普及教育知识及法律知识，成功解救了这个孩子并改变了她的生活环境。

在生活上，他节俭朴素，衣服破了就让姥姥给他缝上，一件衣服经常穿个七八年，真是新三年旧三年缝缝补补又三年。还有一件事我至今记忆犹新：那时我四五岁，因为从小体弱多病，在饮食上家里很注重营养搭配和卫生。但是我当时吃饭有一个毛病被姥姥、姥爷戏称为"剩嘴巴子"，就是吃饭总是往饭桌上掉饭粒，平时说我也不听只能叫我把饭桌上的米粒捡起来吃掉。那天我不小心又掉了一块米饭而且还掉到了地上，我有些犹豫，觉得脏不想捡起来吃。姥爷直接就发火了，训斥我："毛病改不了，还不捡起来吃了？捡起来！"我含着泪吃下了捡起来的米饭，从此我再也没有掉过饭粒。每每端起饭碗，耳边经常会想起姥爷铿锵有力的话语："毛主席说过：浪费就是犯罪！"

古人云：静以修身，俭以养德。姥爷虽然在自己的事情上"抠门儿"，但在他人有困难时却出手"阔绰"。打从小起，每逢各类捐款活动总少不了姥爷的身影，小时候的我并不懂这是一种什么心态或精神，只当是普通的献爱心，也有样学样地在学校组织向灾区捐款时交上我过年的压岁钱。之后经过慢慢的成长以及长辈们的言传身教后才知道，这是一种大爱无疆的精神，只要他人需要帮助，我们就会提供帮助。

在学习上，姥爷虽然文化程度不高，但是在我小学时他依旧竭尽所能辅导我学习，之后初中高中他虽然不能辅导我的文理学习了，但经常关注提点并教导我"做人要本分，不要偷、不要抢、不要行骗"。姥爷平时经常关注新闻时政，有一天他看完有关电信诈骗的报道后，把我叫了过去，语重心长地对我说："咱可不能干那个事儿啊，不能骗人！咱不缺那几个钱，够用就行。"因当时我上的大学在南方边境附近，选择的还是计算机专业，他一直都很担心。我告诉姥爷："姥爷，你放心，我有能力有技术，饿不死，也不贪图金钱享受。"姥爷也哈哈一笑："饿不死就行！"姥爷作风淳朴正派，值得学习，而且还紧跟时代，经常参加所里组织的各种学习活动，还主动要求买个手机，让我教他怎么用手机。别人问他，你这么大岁数了，享福就好了老折腾什么劲儿啊？他就回答："你懂什么，我这可是活到老学到老！"学习是对精神的充实，在学的过程中，我们会思考，在思考的过程中，人性会得到升华。在我们短暂的一生中，需要突显自己的价值。年轻时，学是为了理想，为了安定；中年时，学是为了补充，补充空洞的心灵；老年时，学则是一种意境，慢慢品味，乐在其中。活到老学到老，姥爷平凡的一句话，却是做人的大意境。

姥爷是一位淡泊名利的人，平时很少跟我们讨论他的战争生涯，只有我直接问起时他才会给我讲一个个战争故事，他的功勋章也都赠送给了博物馆，直到我十几岁才第一次见到。姥爷也不居功自傲，平时家中大小事他也都听姥姥的。有时他还戏称："我们家有俩宝贝，一个男宝贝一个女宝贝。"这时姥姥听到了就问："这俩宝贝都是谁啊？"姥爷就接着解释："这男宝贝就是我，这女宝贝当然就是你啊。"姥姥一听就被逗乐了，直说姥爷真会夸人。

姥爷是一位平易近人的人，他虽然带过兵打过仗，但他不骄不躁，态度谦逊温和，没有架子。周围的人上到他的上级领导下到一些小商小贩都是他的好朋友、好兄弟。离休后姥爷有了一些自由时间，他这才有机会安排自己的业余生活，于是八九十年代的安阳就有了一队"驴友"。姥爷经常招呼着他的老战友和与他结识的退休工人，一起骑着自行车，带好钓具，一直骑行到水库钓鱼。我小时候就特别喜欢吃姥爷钓的鱼。也许是因为老两口特别恩爱，也许是姥爷一直有一种奋不顾身的精神，有一次干休所内组织钓鱼，姥姥、姥爷都去了，姥爷钓鱼，姥姥就在旁边挖野菜。谁知腿脚不好的姥姥没有注意，脚下被钓竿绊了，只听"噗通"一声就掉入了鱼塘。姥姥不会游泳，情况十分危机，说时迟那时快，就在大家愣在原地，纠结怎么救人的一瞬间，姥爷鞋一丢"噗通"一声跳入鱼塘，拉住姥姥把她带到岸边，伸手拽住众人递来的捞鱼竿。我当时才只有四五岁，在一旁都吓傻了，姥姥被救上来后和姥爷一起被所里工作人员送回了家。后来有人问姥爷你怎么跳得那么果断啊？姥爷回答："我就这一个老伴可不能没了呀！"

说到姥姥姥爷"秀恩爱"，姥爷虽然是一位"硬汉"，是个粗人，但是他也有温柔体贴的一面。虽然在姥姥的回忆中姥爷基本没说过什么"甜言蜜语",但是姥爷的"甜言蜜语"时常体现在生活的方方面面。姥姥姥爷都是唐山人,喜欢吃海产品,姥爷喜欢吃螃蟹,姥姥喜欢吃海虾,基本上每隔俩月姥爷一发工资就带着我去本地的海鲜市场,给姥姥挑选一些鲜虾买回去吃,偶尔也会买几只螃蟹。姥爷有时也会跟老战友一起聚聚去吃开封小笼包,但是临走前总会再买两笼包子带回家给姥姥吃。用姥姥的话说:"他啊,都藏在心里呢。"

在与姥爷相处的过程中,他虽然没能总结一些大道理和人生智慧,但他总是在方方面面身体力行地影响着我们这些后辈。他"要求"我们恪尽职守、勤俭节约、安分守己、淡泊名利,等等。同时,姥爷果敢机智、爱党爱国爱家、无私奉献、公正等精神深深影响着我们,在不知不觉中他已经成为我们追逐的目标、榜样。虽然在我心中他是一座无法企及的"高峰",但我仍然会一步一个脚印踏踏实实地追逐、攀登这充满荣耀的"高峰"。

(陈毅:王占山外孙,1991年生,河南省军区安阳干休所职工。)

二 袍泽故旧忆当年

我的老战友——王占山

冯汝智

在中国共产党建党 100 周年的时候，老战友王占山受到了习近平总书记接见并颁发勋章。王占山是我们 485 团的，这是我们团所有战友的光荣，也是我们部队的光荣。

王占山是我们 485 团的团长，他是一个好干部、好团长。在抗美援朝打仗的时候，王占山在七连三排，坚守 408.1 高地，在敌人的飞机大炮面前，他勇敢顽强，没有被吓倒，打退了敌人 38 次进攻，打死 400 多敌人。后来他给我讲了当时的战斗场景，当时战斗非常残酷，阵地上战友们牺牲很多，我们能战斗的人很少了，为了迷惑敌人，他就把我们自己的帽子拿棍子顶起来，在战壕里稍微一露头一摆动，敌人就打枪过来，旁边的战士就瞄准了敌人，一个个地消灭敌人。

王占山在金城反击战中立了一等功，被授予"国际二级战斗英雄"称号。我在 7 月 19 号坚守了我的阵地，也荣获了一等功。我们一起去的北京，一起受到了毛主席的接见。

后来王占山在二营当副营长三个月，然后当营长。到了1970年，我们部队调防河南。王占山已经是副团长了，我在二营当营长时，他到二营检查工作。王一万副营长私自去山里打猎，打死了两只乌鸦。王占山副团长、我、教导员王志资和王一万在营里召开工作总结会。王占山在会上批评王一万，说他作为副营长，私自去打枪就不对，浪费子弹。我们的子弹是打敌人，消灭敌人的。他讲了这句话，我还记得。

我1970年调到485团当副团长，王占山是我的团长。我和王占山同事了六年。我当副团长了，他还是我的团长。所以这一路走来王占山都是我的上级和领导。我们485团要修一个靶场，用来训练和提高战士的射击技能。可建设靶场需要砖，我们没有钱，上级也没有这项开支，所以我们团就自己挖了一个烧砖头的砖窑。王占山团长对这件事情非常关心，这个砖窑他亲自检查，亲自在窑洞里面体验热不热。他这个人，只要是对军事训练有用的，都全力以赴非常认真。最后我们用自己的砖窑烧出来的砖建成了这个靶场。王占山非常高兴，我们也非常高兴。建这个靶场王占山是有功劳的，这个靶场解决了我们射击训练的问题，也节约了国防开支，团里正常的军事训练也得到了保障。

王占山对部队的吃饭问题特别重视。我们485团还搞过生产任务。我们在河南省安阳县高庄公社农场领种水田，还要种玉米和麦子。这个任务很艰巨，错过季节不行，所以在每年的三四月份我们又种田了。4月份北方是很冷的，我在团里负责生产，带着六连去高庄农场搞生产。当时天气还寒冷，怎么办呢？我们就想买两瓶酒，给战士喝，喝两口酒之后身体就热了。我们没有牛，没有拖拉机，就用人拉耕地，我们全团就这么干。王占山那时候经常在田里，他对这个事情非常重视，最后我们大丰收，完成粮食产量达到了80万斤。

有一年王占山到广西来看望我们这几个老战友。在吃饭时，王占山夸奖我，他跟我说："你是我的好助手。"我很感动。他又去看望那些在战争中光荣牺牲的战友，他深情地说："你们都是我们485团的好兵。"

王占山对党忠诚，他是党的好干部。在中国共产党建党100周年之际，王占山得到了习近平总书记亲自颁发的"七一勋章"，这是当之无愧的。王占山是我们部队的骄傲。

（冯汝智：原54军162师485团副团长，广西博白县人。1950年11月参军，1953年参加金城反击战，荣立一等功。1954年，参加志愿军英模代表团，受到了毛泽东主席亲切接见。1957年5月，到北京参加全国共青团第三次代表大会，再次受到毛主席接见。1976年转业到广西煤炭系统工作，任武装部部长直至退休。）

彪炳青史的荣誉

岳宣义

在庆祝中国共产党成立100周年前夕，习近平总书记将中国共产党最高荣誉奖"七一勋章"，颁授给王占山等同志。当电视画面出现时，我的心同老英雄一样激动和自豪。这既是老英雄的荣誉和荣幸，也是我们485团及162师、54集团军和全军的荣誉与荣幸！

我1962年高中毕业，被保送到中国人民大学。其时，台湾海峡形势骤然紧张。我响应党"上学服从参军"的号召，毅然投笔从戎。部队强化备战，随时准备向东南沿海和西南边疆机动，粉粹敌人的武装挑衅和侵略行动。当时部队有个口号叫"学英雄，见行动，立新功"，我同王占山虽然不在一个团，但学习了他和其他英模的事迹，鼓舞了斗志，决心驰骋疆场，争当英雄。

1974年我到485团工作，更多地了解了王占山、麻俊坤的英雄事迹。麻俊坤是牺牲在朝鲜战场上的英雄，王占山受到毛泽东主席的亲切接见。我对老英雄更加心生敬意。

1979年对越自卫反击保卫边疆作战，我任485团政治处主任。我团在异国作战28天，全团荣立集体一等功，七连和六连分别被中央军委和广州军区授予"突击英雄连"荣誉称号，朱仁义、王息坤、潘细腊被中央军委授予"战斗英雄"称号。485团的历史并不长，但战斗力很强，涌现的英雄模范很多，王占山等老英雄的示范及影响是一个重要原因。

2019年11月，我们在河南安阳召开《162师参战将士名录》新闻发布会。会前，我去王占山老英雄家里看望，请他参加新闻发布会。老英雄虽然90高龄，仍精神矍铄，十分健谈。他勉励我们听党的话，跟习主席走，在各自的岗位上为人民立新功。他同田景荣副师长亲自参加新闻发布会，并同与会的500多名162师参战老战士合影留念，使大家重温了历史，铭记了荣光，受到了鼓舞。

（岳宣义：四川省南江县人。1962年投笔从戎，军旅38年，曾任54军162师485团政治委员、54集团军政治部主任、河南省军区政治委员、济南军区政治部副主任等职；继任中央纪委驻司法部纪律检查组组长、部党组成员，中国法律援助基金会理事长，中国法制文学研究会会长。中国人民解放军少将，第九届全国人民代表大会代表，第十六届中央纪委委员。）

我的老首长王占山

张树平

我入伍时年龄才16岁半，体重85斤，
身高1.54米，我也不知道怎么就把我选去
了。当时我就下定决心，一定要当个好兵，
当不好绝不回老家看望我的父母。54军的重
点是162师，全军的战备值班师；162师的
重点就是485团，当年王占山老首长是团长，是军里的重点，
我就成了老首长的兵。

我当兵不到一个礼拜，新兵485团要搞荣誉教育，搞团
史教育，要请他来做报告。当时他做报告非常激动人心，我
们新战士都非常崇拜他。那时候我就记住了"王占山"这个
名字，是一等功臣，国际二级战斗英雄。我当时想，这就是
我心中的战斗英雄，和平时期是我学习的楷模。没想到最后
到他身边当通信班长了。

我当兵在54军162师485团将近18年。我1962年当兵，
1979年年底离开485团，调到武汉军区襄樊36分部去了，真
正在王占山老首长手下工作，也有十一二年时间。1965年以

前，我在连队当战士当副班长，他当营长，我在1965年到1968年初给他当通信班长。后来我到四连当排长，最后到团里当干事。1969年他在团里当副团长，一年多就当团长了，我在机关又跟着他了。他1973年初调到师里当副参谋长。老首长离开54军之后我们一直有联系。

王占山是我人生的领路人，如果没有他调我到营部当通信班长，我以后的发展没有今天这么好。他是我人生启蒙的老首长，"经风历雨方知真情在何方，暑往寒来最念人生领路人"，最能说明我的心境，是我找书法家写给老首长的。老首长人品好，党性也好，有组织才能，事业心无可挑剔。你要说缺点，他就是比较直，人比较直，直是优点，有时候也是缺点。王占山老首长战时是英雄，是我崇拜的偶像，平时他不认输，是我们的楷模。

一　"不服输"，干啥事都争第一

当时我们的部队在重庆璧山，那个时候叫四川璧山县。当时我们的番号还是135师404团，后来135师改成了162师，我当兵是在五连。

1965年下半年，团里搞年终总结大会，全团2000多人都在大操场，李政委讲评部队好的方面、差的方面，就举了个例子，说二营通信班通信员打架，副营长都制止不了。我也在场亲耳听到了。当时我当副班长，这个时候王占山老营长刚到二营当营长，他坐在下面心里肯定很难受的，通信班通信员打架也扫了他的面子，可是打架事件发生的时候他还不是营长啊！王占山老营长就不服这口气，下去之后在二营五个连队（三个步兵连、一个机枪连、一个炮连）要选一个通信班长，要超过一营通信班。当时我的前任通信班长李旺水当排长了，就推荐说张树平这个人还不错，已经是副班长，而且马上当班长了，这个小伙子素质很好，到通信班去，绝对可以搞好。1964年大比武，当时三个连队只有三个人得到了五个优秀，其中就有我一个。我当战士年年是五好战士，师团学习毛著积极分子，射击全营是拔尖的，学习也是积极分子。我当时是小组长，虽然只有16岁，年龄小一点，但军事技术非常好，我也是投弹能手。

有一天他到连里找我谈话，我当时很吃惊。他说，这次叫你到通信班当班长，是我亲自去选的，有三个要求：第一，通信班必须要创四好班；第二，一定要超过一营通信班；第三，要把通信班带成全营的射击示范班。我说："营长请你放心，我来之后，一定把通信班带好，四好班肯定要上，而且要超过一营通信班。"1965年底我就成为404团2营通信班长。我当通信班长，王占山营长交代的这三条都实现了，我是1968年初离开通信班的，在全团三个营加上通信连4个徒步班，搞通信比赛，我们都名列前茅，不是第一就是第二。

老营长很高兴。

后来我知道，他暗中对我进行过考核。不只是李旺水排长推荐，他还亲自找连长考核，然后才到连里找我谈话。

二 自力更生，开发农田

我们是1968年年底从重庆璧山调防到云南宾川的，宾川偏僻，连个村庄都没有，房子都是干土堆搭起来的。操场都是风吹石头，很差，连厕所都没有，部队过去之后，用将近四个月的时间把礼堂修好了，修营房用了将近一年时间。一年不到，部队接到上级命令，1969年年底就调到河南安阳。部队到了安阳之后，就紧急投入战备，抓训练。王占山当时是副团长，1970年年底或者1971年年初当团长。当时训练任务特别重，战士都是青壮年的小伙子，训练多饭量大，而且也没有肉，所以每个月粮食都会缺个三五天。战士提意见说，我们连队军事上在全团是很可以的，就是我们的伙食太差了。当时我们还在拉练。1971年初，部队到河南王屋山去了，部队千里拉练，每天走路行军体力消耗很大。王团长就跟师里军需科打电话借点粮食，说部队没吃的。当时师里也紧张，没给。这个时候他就开始调查研究了。当时我当干事，他把我叫过去了，说："一会吃饭时你到二营四连，到了之后先清点人数，然后再计算粮食数量，看究竟能不能够吃。"他这个人好像是没文化，但是很细心。当时二营四连好像是130

多个人，都在吃小米，我看他们做，看他们吃，一顿一斤半小米做的饭，统统吃完了，说明战士们是真的饿了，一个人可以吃10个馒头。我就回来跟他汇报，确实不够吃。好像是1971年的6月份，王团长下决心开荒。吃不好搞训练确实会有问题。怎么办呢，正好我们团附近有个农场，在安阳县的高庄，离我们驻地有30公里。现在是城区了，当时这个农场大概有2000亩地，基本什么都没种，当时我们来安阳后就投入战备训练了。

王团长就下决心，必须把这个农场搞起来，这个农场以前为什么没搞起来呢，因为都是盐碱地。要想盐碱地产粮食，要种大米，这怎么可能呢？他偏就不信邪。当时他就带了几个连去挖地，盐碱地要种稻子种麦子是不行的，怎么办呢，得开垦出来，把盐碱除掉，当时开垦没有拖拉机啊，没有牛，都是靠人拉。带子拖在肩膀上用犁犁地，最后到信阳去借水牛来犁地。这块地开始是2000亩，开完荒发展到5500亩。部队拉练完后就去干活，搞生产搞训练两不误。我们485团就靠开荒种地自力更生，王团长星期六、星期天基本都在那个地方，他说我就不相信在盐碱地种不出来粮食、种不出来稻子。他亲自下地耕地做示范，开始产量比较低，也就一两百斤的样子。通过一年多的生产，到1972年底就慢慢收获，生产小麦、高粱、水稻、大豆20万斤左右，还建了个酒厂，被武汉军区评为先进农场。485团办农厂，不但给团里解决了粮食问题，还给全师、军区做了贡献。农场产的大米非常好，日照比较长，比南方多一个多月时间的光照，煮饭非常好吃。过去485团是缺粮大户，现在不光不缺粮，还养猪、种菜、酿酒，都给师里送去了，王团长背个挎包跑到师里军需科，说我给你们还粮来了。他是农场的开拓者，他的功劳是最大的。

三　对自己要求严格

王占山当营长的时候，我当通信班长。当时营部和机枪连搭伙一起吃饭。营长、通信班、喂马的、吹号的，二三十个人一起搭伙在队里吃饭，基本上都住在这个地方。他离家也近，但他基本不回去。这二十个人的饭一起打来，包括营首长在内，他跟我们一块吃大锅饭，也不搞特殊化，大家吃什么，他就吃什么，还吃得很香。

四　当营长不骑马，当团长不坐吉普车

老首长这个人对自己要求非常严格。当时营部每个首长要配一匹马，当时没有车，团里搞拉练，开会赶时间，平时累了你也可以骑。我看到王占山营长很少骑马，部队拉练他都是跟着战士们一起行军，除非去团里开会赶时间他才骑马。老营长当了团长之后，全团就一个吉普车。李政委是1930年出生的，比王占山还小一岁，身体比王占山好一点，毕竟王

团长身上有伤，打仗留下来的后遗症大家都知道。部队每年冬天都要搞2个月拉练，王团长很少坐车，都是跟着走。他战场上枪林弹雨过来，不怕苦不怕累不怕死，跟战士一块走一起行军，他当团长时和当营长还是一样的，始终和战士在一起。

他对自己个人生活的要求更是严格。当时营以下干部生活困难，一个季度就补贴三五十块钱，团以上的干部有些营养保健品，就是发点奶粉、白糖。这一个季度，或者身体有病发点，有时候半年发点，但是你给他发，他每次都是坚决不要，他说他身体好，让给身体差的吃。他老家是唐山的，住在河南安阳，有事家里来个人，从来都没有要小车接过，都是三轮车接送，他也不告诉我们，公是公，私是私，分得很清楚。

王占山老首长有晕倒的毛病。好像是1971年、1972年春节的时候部队搞拉练，那时候天气太冷了，零下十几度，他就突然晕倒了，当时大家都很紧张，过了一会他才缓过神来。这是他在朝鲜打仗留下的后遗症，他晕倒不止一次。他当了团长之后，也出现过这种情况。因为工作更忙，压力也大，礼拜天就跑到农场去了，也不休息，拼了命也要在盐碱地种出稻子来。他就这样，当时很多人都不看好，怎么可能在盐碱地上种出庄稼来呢？有农业专家也说不太可行。你们说不行，我非要种出来，他就是这样的性格。白天在农场，晚上在连队查铺、查岗，因为我是通信班长要跟着他，知道他没有礼拜天节假日。

五 搞军事训练以实战为主，痛恨弄虚作假

老营长办事特别较真，从来不搞虚假东西。我亲自经历两件事，一个事是营里组织打靶，四连三排长肖生照（音）负责报靶。他报靶时弄虚作假被发现了，关了三天禁闭。还有一个事儿，我当兵的那个五连，1964年搞训练，其中第四练习就是从进攻阵地出发，到敌人后大概200米戴着防毒面具消灭敌人。人戴着防毒面具一呼吸，热气蒙到面罩上，整个眼睛都看不清楚。战士平时戴着跑，打的时候就取下来了。当时被发现了，就给了连长陆长贵（音）一个处分。这属于弄虚作假，部队训练千万不能弄虚作假，平时弄虚做假，战时就要流血牺牲。1979年打仗，485团全团集体一等功，整个广州战区就这一个团，485团靠的就是平时训练不搞弄虚作假，艰苦训练出来的，才有这么好的战绩。

六 参加指挥对越自卫反击战作战

对越自卫反击战的时候，老首长已经是师副参谋长了，他指挥484团行动。485团打得非常好，在广州军区，在军委，485全团荣获集体一等功。这都是老首长当了三年485团团长打下了很好的基础。没有老团长打基础，没有严格训

练，打胜仗是不可能的。我们打长形无名高地，有7个山头从低到高，敌人是一个加强旅死守。我们126师属于保证军区的预备队，哪里打不下来就派我们去哪里。我们当时接受上级交代的战斗任务，要20号赶过去。我们是早晨五点多钟出发，大概一个小时，到了开阔地，有老百姓的房子，还有雾。七连是尖刀连搜索前进，离我们机关指挥所有100多米。到了第一道站口，一听上面说话不对，好像越南人说话，团长就下命令，七连停止前进。当时我在机关，我们后面是九连，因为团机关没有部队不行，九连马上赶到机关来，万一敌人要下来，可以保护一下，叫一营二营他们穿插着走两边，做好战斗准备。到六点半钟，团里突然冲锋号一吹，从团长、政委到炊事员2000多人，两个半小时把敌人阵地全攻占了，7个山头上的敌人都在睡觉，根本没有准备。炮弹雨点般轰炸，七连占领了最高峰。那天晚上敌人发起了19次反（冲击）进攻，我们把他们压下来。七连消灭了94个敌人，把这个峰守住了。下午英国的BBC就开始广播，说这个高地，过去法国人没攻克，美国人没攻克，这次被中国人攻克了。这次在世界出名了，这是我们485团打下来的。最后李师长到我们阵地上去，说你们485团打得很好，非常漂亮！我们485团一下就出名了。这个部队经过实战的检验，之所以打得这么好，是老团长打的基础牢固。严格训练，严格管理，不弄虚作假，他从来不说假话，比较实在，行就行，不行就是不行，优良传统就这么一代代传下来。

七　胸襟开阔，淡泊名利

他对待个人的名利，处理得相当好。他在485团当了将近三年团长，干得很不错，而且农场也开发出来了，训练也不错，平调到师里，当司令部副参谋长，当时全团上下议论纷纷。因为我是他老部下，他到师里报到，我去他家，我说老营长我想不通，这让人怎么干啊。他说张树平，想不通是不对的，你想想牺牲的战友，想起他们，我们还有什么好计较的。他的心胸非常豁达，打天津的金汤桥，全连剩下24个人；抗美援朝的金城反击战，408.1高地，他们打到最后只剩下6个人了。老首长是从烈士堆里被找出来的，战场上枪林弹雨九死一生活下来的，所以他心态非常好，他很知足。他是从死人堆里爬出来的，有很多事情他都看得很淡，很清楚很明白。老首长对我的影响非常大，我跟老首长学了很多东西，任何时候都要胸襟开阔。

八　注重对后备人才的培养

王占山老首长对人才培养，对后备干部特别重视。那个年代不像现在可以考军校，那时从战士提干部，基本都是团里自己下决定，副连以上的是师里下决定。王占山当团长，我当干部干事，他找我说，提拔干部要把入口的关把住，首先要把干部苗子选定。干部苗子就集中考察，每次内训他都要去讲课，提要求。讲课也不要稿子，后来他当团长下连队讲的时候就没稿子，军人干部应该具备怎么样的素质，训练啊、管理啊、作风啊这些东西，基本我们每年搞培训他都要去讲一次。真正建立干部苗子，把好干部入口，就是他提出来的，所以后来485团培养干部苗子，包括后来对越作战的实践检验，为什么干部表现这么突出，都是那个时候培养出来的。王占山当团长，基本按照程序来，连队上报干部苗子，营里审查一下，再报给干部股，干部股有干部苗子花名册、简历一份，掌握情况，考核干部考核苗子，同时考核，审核后再每年集中一次培训，把优秀的选出来。

老首长对部队贡献非常之大。他这个人讲不出太多的理论，但他看问题还是有深度和高度的，对事情关键点把握也很准，对大事非常明白，不糊涂。他知道怎么为部队好，什么是有利于单位、有利于部队建设的。

没有王占山老首长的思想作风熏陶，我就没有今天。每当我工作中遇到困难、受到挫折，就会想起老首长在巨里室北山408.1守阵地打得就剩下6个人的场景。他就像一面镜子，激励着我。

（张树平：1946年生，1962年6月入伍，1964年7月入党，曾任54军162师485团通讯班长，后任职于天津后勤学院。少将军衔。）

"当兵就是打仗的!"

——回忆我的老领导王占山

彭先均

我叫彭先均,1937年5月24日生,1954年冬天我参加了志愿军,1955年入朝,在404团炮营当战士。入伍之初,就多次听说王占山同志的光荣事迹,并且深受王占山同志大无畏英勇精神的激励!可以说,我们一起入伍的新战士,都把王占山同志作为我们的榜样。

1956年春,我被送到师教导队学习,学习结业后回部队任班长,1960年提干任排长,1963年调二营四连任副指导员。当时王占山同志任二营副营长。从那时起,我和王占山同志在工作和生活中的接触就多起来了。

这么近的距离,和自己心目中的英雄、学习的榜样经常在一起,最初我还是很拘谨的。可是,王占山同志豪爽的性格、对同志亲切的关心,让我很快和他熟悉起来。王占山同志在工作中严肃认真,对同志们的不足之处能及时指出,同时也积极帮助大家在工作和思想上共同进步。王占山光明磊落，绝不会当面一套、背后一套。1969年我任团政治处副主任，分管全团的文化工作，兼直属队党委书记，当时王占山同志任副团长。

从我1954年入伍，1955年作为新兵入朝，到1976年转业，我和王占山同志在一个部队长达21年，近距离工作相处也有13年之久。

王占山同志在工作中给予我很多帮助和指点。我在当团政治处副主任时期，有一天夜里九点半左右，王团长打电话给我，说有个战士有思想包袱，情绪起伏很大，要我多掌握这名战士的思想动态，对这名战士做对症下药的思想工作。我非常受震动，他作为一团之长，随时随地都想着团里的工作，即使是一名战士，他都随时放在心上。他的这种工作作风深刻地影响着我，工作中我时常想起王占山团长那天晚上的那个电话，这对我的一生都有很大的教育意义。

王占山同志不但在工作中给予我很多潜移默化的影响，在生活上还给予我很多关心。1971年冬，我团在河南安阳郊区杨家洞进行训练。正赶上下大雪，我的鞋子湿透了，第二天还要穿，晚上就不得不烤干。可是在烤火的时候，我不小心又把鞋子给烤焦了。第二天团部开会，我没办法，还是穿着这个烤焦的鞋出席。王团长眼光很毒，一眼看出了我的鞋子有问题，也许是我走路跟别人不一样。他让我抬起脚，我只好把脚抬起来，鞋底的袜子都露出来了。他马上叫来后勤处的陈新才处长，让他给我找一双旧棉鞋。这件事情虽然很小，但是在我心里一直很温暖。

还有一次我们团急行军拉练，我的脚又不争气，不知道怎么就崴了。可我不能掉队啊，我就找到一根木棍，在队伍里一瘸一拐跟着大部队往前走。王团长发现了，就把我叫到他的吉普车上，让我非常感动。

王团长这个人非常细心。有一次我们正要吃饭，师部来电话，通知我尽快赶到师部开会。正好王团长在旁边听到了，他马上叫来团里的小车司机，让他开车送我到师部，并且嘱咐司机带上我们的馒头路上吃。

王占山同志是当之无愧的战斗英雄。在战场上面对生死，他决不后退。他亲口对我说过，他全身38处伤，头部还有一块弹片无法取出。

王占山同志是英雄，更是楷模。但是在日常工作和生活中，他从不居功自傲，也从不为自己要求福利和特权。他生活简朴，平易近人，严于律己。在部队领导岗位，王占山既能从严带兵，也能爱兵如子。他经常说的话就是：当兵就是打仗的！平时严格训练，战时才能经得起战争的考验！

王占山同志是我一生学习的模范榜样。在年龄上，他是我的兄长；在职务上，他是我的上级领导；在工作中，我们是革命同志。

从王占山身上，我们能学到他的英雄精神，更重要的是，学习到他的政治觉悟：永远听党的话，永远跟党走！

（彭先均：1954年入伍，1955年入朝，1976年转业。四川资阳人，原54军162师485团政治部副主任。）

我所知道的王占山

曹景山

我是1938年出生的，1956年参军入朝，所在部队就是135师404团。我在二营炮兵连担任瞄准手，我们装备的是82迫击炮，当时王占山在三营。

回国之后，王占山到了我们二营当副营长，我那时候担任我们二营炮连的司务长，我负责管理我们连队的生活，喂猪、种菜，那个时候炮需要用马来拉，我们炮连的马匹比较多，马多自然饲料也多，我们种的菜很好，所以我们炮连伙食还不错。王占山当副营长管营后勤，他对战士们的伙食是最关心的。他让我们全营各连的司务长搞生活评比，每个礼拜都要评比，我们二营五个连——三个步兵连，一个机枪连，还有我们炮连——五个连队的生活评比，就是看哪个连队生活伙食搞得好。具体怎么评比呢？王副营长不事先通知，他会突然袭击随机抽查，把你们的饭菜都端上来，就是把五个连的饭菜都端上来，一字排开，都是一样的饭盆和菜盆，谁也不知道哪一盆饭菜是哪个连的，王占山就把每个连的饭菜都尝一尝，大家都来品尝，民主评比，营领导都来评比打分，最后按照饭菜的质量排名，哪个连的饭菜做得好，好的表扬，差的批评。好在哪里，差在哪里，要怎么改进，这对五个连的司务长都是压力和考验。我们炮连的伙食评比每次都是排在前面，他对我的工作比较满意。

我们二炮连是全团被装管理标兵，也是我们135师被装管理标兵，这都是王占山副营长主抓的。他亲自管理。具体是怎么抓的呢？他经常进行突击检查。这样一来，营里重视，连里也重视，我们被装就管理得非常规范。物品摆放整整齐齐、规规矩矩，卫生搞得非常整洁。每个战士不但放在床上的被装整齐，放在仓库的物品摆放也非常整齐。紧急集合的时候非常有序。王占山副营长就是按照备战的标准来要求的，不能紧急集合啥都找不着。我们炮连一直是被装管理先进连队。全师首长到我们炮连现场参观，开现场会。我们炮连也得到了成都军区的表扬，被评为全军被服示范单位。这些成绩跟王占山老营长的重视是分不开的。

王占山这个人没有架子，就是当了团长也是非常平易近人的。记得他已经当团长了，有一年我父亲到部队来看我，我管理着军人服务社，我父亲就在军人服务社跟我住在一起。我父亲是农民，年纪也比较大，他抽农村的那种大旱烟袋，很长的那种。王占山团长来军人服务社，看到了我的老父亲，就上前主动和老人家拉家常聊天，两个人越聊越高兴，越聊越亲热，最后王占山团长尝试着抽老人家的大烟袋，抽得津津有味，两个人还对烟品头论足。管着上千人的一团之长竟然和一个基层连队司务长的父亲如此亲近，对老百姓如此平易近人，让我非常感动。他抽我父亲烟袋的场景我这一辈子也忘不了。

还有一次我们团搞拉练，我们炮连马匹非常缺，王占山就把自己的马给了我们连队拖炮。上级给他马是让他骑的，他却不骑。当时我们部队拉练到很远的地方，经常是十几天二十几天，他就跟战士们一起步行军，一天走很多里，吃住行都跟战士们在一起。

1964年我从炮连到团里军需股当助理员，管全团吃的。全团各个单位的司务长领油票粮票全是我来发，我一直干到1972年，七年没有出任何差错。王团长对工作的认真负责、对干部战士的关心，一直在鞭策和影响着我。

（曹景山：1938年出生，1956年3月入伍，同年入朝，参加中国人民志愿军395部队二中队五分队，1958年8月回国。在部队任班长、司务长、助理员、股长等职。1978年转业到地方工作。）

老英雄平凡事

李德胜

老首长王占山的英雄本色永远在我们的眼前闪闪发光，现将我所知道的老英雄王占山在平凡的工作岗位上做出的感人事迹回顾如下。

1964年年底，李九龙时任404团团长，我是李九龙团长的警卫人员。我曾跟随李九龙团长到二营，时任二营营长王占山汇报工作时说："我任二营营长后第一件工作，就是狠抓部队作风建设，特别注重抓部队服从命令、听从指挥、说打就打、说干就干、团结一致、办事认真的作风培养。第二件工作就是狠抓部队的基础训练，提出从战士到干部，都要练好各自岗位上杀敌的基本功，要把基础训练夯得实实的，打起仗来我心里才踏实。第三件工作狠抓各连养好猪、种好菜、改善好战士的生活。要发扬南泥湾精神，全营要达到平均三个人养一头猪，每个班都要种菜。干部战士的身体素质好了，训练才有保障，打仗才有希望。"李九龙团长听了王占山营长汇报后非常赞赏，在全团推广二营的好经验，同时希望二营再接再厉。

1965年8月，我跟随李九龙团长到了西泉。二营营长王占山正带领战士们在山上野营训练，针对走、打、吃、住四项进行重点训练。走就是要训练部队在山林地会走路，不走错路；打就是要训练从单兵到班、排、连在山林地会打进攻、防御、穿插战斗；吃就是要训练部队会识别山林地的野菜，连队炊事班一个星期不煮饭，各班也能自做野炊；住就是要训练干部战士，在山林地会挖防炮洞，会搭树枝棚，会用每个战士的雨布搭成房子住。李九龙团长说："我们驻在西南地区，主要作战方向是东南亚，西泉的地形和我们未来的作战方向的地形相近，二营针对山林地作战的特点，从实战需要严格抓部队会走、会打、会吃、会住训练是正确的，给未来作战打下了好基础，要认真总结王占山的四会训练经验。"

1968年王占山任404团副团长，中央军委命令54军调到滇西大理地区，13军调到重庆地区。404团根据上级的规定，连队的猪不准再杀、营区内很多果树上结的广柑等水果熟了不准吃，要全部移交给友军。404团决定每个连队和每户随军家属要给友军储备一个星期的主副蔬菜，菜地里种的菜要全部移交友军。友军先前接防人员到达后，看到404团这种高风格的移交，非常感动。王占山副团长组织机关人员，分别到各单位检查移交工作，落实情况，多次开会反复强调，要把好处交给友军，困难留给自己，这是我们共产党的好作风，各单位都要交出我们404团的风格来，交出水平来，要严格移交纪律，要经得起移交的考验。

1978年年底404团随54军调到云南大理宾川县炼洞村，我已任特务连警卫排长。我到团首长住的家属区检查卫生，发现王占山副团长拿着扫把，在道路上扫地。我说："王副团长你别扫了，我叫警卫排二班来扫。"王占山副团长说："我们404团的好作风，就是在哪里都要把室内室外卫生打扫得干干净净，东西摆得整整齐齐。我们现在虽然住在山沟沟里，但我们讲卫生的好习惯不能丢。"

王占山还会亲自种菜。一个休息日我到家属区看修排水沟的位置，看到王占山穿着短裤背心和他的老伴在挖地。我很疑惑。他却说，毛主席说过"自己动手，丰衣足食"。我说让警卫人员去炼洞帮忙买菜，他坚决不同意："让战士去买菜要影响你们警卫排的训练，我们是打仗的部队，警卫人员缺乏训练，没有打仗的基本功用什么警卫首长？"

特务连警卫排离团部很近，我晚上查岗查哨多次发现王占山办公室灯总是亮的，我走近一看，他在办公室学习。有一次半夜两点半，王占山办公室里的灯还是亮的，我忍不住敲门，他说："我正在准备过几天给全团连以上干部讲步兵连山林地防御战斗课，要把我在朝鲜金城反击战中打美国鬼子的事贯穿到步兵连山林地防御战斗中来讲，夜深人静无干扰，我的知识和水平离团职干部的要求还有较大的差距，不学习就跟不上形势的发展。你还年轻你也要好好学习。"我发自内心地回答："是！"

宾川部队住的营房和随军家属的住房条件都很差，上级批准营房要重建。王占山副团长到特务连的施工现场鼓励大家："我们404团的好作风就是每次调房，都要把营房修好，道路修平，营区绿化搞好。工兵排烧砖要保证质量，侦察排用电锯改木料、警卫排炸药爆破要注意安全。"汽车队从巍山县运木材回到侦察排，他拿起温水瓶给他们打水，让汽车司机非常感动。

1969年6月28日早上天刚亮，我在工地上指挥爆破，突然发现王占山副团长在从团部往宾川县城方向的公路上走着。我问他去哪里，他说："宾川县委、县政府请我作报告，我到宾川县城去。"我说："县城可不近啊，我让司机送您去吧！"他却说："营房到宾川县城不到20公里，我自己走路往返，还锻炼了身体。"

1969年年底，404团随54军调防到豫北安阳市，自此以后，404团改为485团。王占山副团长1970年6月任485团团长，我已任八连副连长。1970年12月，王占山团长来到八连，八连连长指导员带部队训练去了。王占山团长却是专为厕所而来。他说："战士晚上上厕所要走150多米，冬天夜里很冷，不要把战士冻感冒了。"他让晚上每一幢房子前面放一个尿桶，方便战士晚上解小便用，天亮后尿桶放到厕所里去。看了八连饭堂战士吃饭有饭桌，但没板凳坐，就要求尽快为每张饭桌配上板凳；看了战士住的房间，了解到战士开会看电影都坐在地上，他要求给每人制作一个小板凳。他还仔细检查了连队地下冬天蔬菜储藏室以及咸菜，要求一个连要做不同种类的咸菜至少二十坛。这样战士冬天能吃到储藏室里的新鲜菜，又能吃到不同品种的咸菜。王团长的心很细，对连队养猪场也有详细要求。他要求给猪做保暖。他说北方的养猪场和南方的养猪场不一样，北方的天气冷，养猪场冬天猪睡觉的地方要保暖，不保暖就要把猪冻死。每个隔断内加一道砖墙，留一个猪进出的门，门上要有一个保暖活动帘子，白天拉起来，冬天晚上放下来。要给猪打防疫针，防止猪生病。到了八连菜地后，王占山团长问种菜的品种、种菜的季节、施肥的方法、除草的方法等，种菜战士都一一作了回答。王占山团长说，北方的冬天天寒地冻滴水成冰无法种菜，要在冬天到来之前把菜种好、储藏好，冬天才有吃的。王占山团长还走进种菜战士的住房，问房子漏不漏雨、通不通风，晚上睡在床上冷不冷，冬天有没有火烤，种菜战士都进行了回答。王占山团长还提醒战士，冬天睡觉不要把烤火炉放在住人的房子里，房间小要防煤气中毒。

回到营房后王占山团长说要去驭手班看看，我把王团长带到三炮连驭手班。王团长问驭手班战士们会不会钉马掌，会不会训马，会不会喂马，战士们回答说我们都会。王团长要求道："马给我们驮枪、驮炮、驮弹、驮粮，马是我们不会说话的亲密战友，一定要把军马喂养好，要把军马上下汽车火车训练好。"

1970年上级给团长和政委各配一辆北京213越野吉普车。每年10月份前后部队都要到太行山王屋山千里长途野营拉练，我经常看到王占山团长和战士一样在走路"练铁脚板"。

1973年我已任485团九连连长，在张湖顶485团训练场训练单兵战术时，王占山团长亲自教学，他说单兵战术训练很重要，是打仗的基本功。历次战争中都证明，姿势高伤亡大、姿势低伤亡小，战士的单兵战术训练，就是要训练姿势要低不要高的问题，一定要学会利用地形地物。

1973年春节前，九连在485团实弹射击场加高防弹堤，王占山团长和九连的同志们一起劳动，和战士们一起完成了防弹堤加高工程。1973年春节，王占山团长来九连和战士们一起过春节。他说每逢佳节倍思亲，共产党是我们的母亲，我们共唱一首思念母亲的歌《没有共产党就没有新中国》。九连一桌准备了16个菜，8个猪肉做的菜，8个自己做的咸菜。

王占山团长边吃边和战士们亲切交谈，现场气氛十分活跃。

王占山团长对战士们的生活极为关心。他亲自监督澡堂的改造。全团澡堂改造完毕后，原来一个大池子一次只能满足一个连洗澡，现在改成了两个大池子、一个中池子，一次可满足三个连洗澡；原来一个月洗一次澡，现在可保障十天洗一次澡。在王占山团长的亲力亲为下，全团官兵洗澡的问题得到了解决。

王占山老英雄在485团任团长期间，他在早上没吹起床号之前就在营房里到处转，晚上吹熄灯号后，他也要到营区去看看。他爱在下半夜到连队去查岗查哨，冬天下雪他和战士们一起在营区公路上扫雪，在54军辉县军教导大队（54军窑洞大学）集训，王占山老英雄和学员一样住在窑洞里，背上半自动步枪，一起出操，一起练射击，投手榴弹，练单兵战术。王占山团长任162师司令部副参谋长后，我们经常看到他站在军用大汽车车厢内到团里去检查工作。

1979年1月18日，485团在三营召开对越作战战前准备工作现场会，当时已经是162师副师长的王占山参加了会议。七连汇报了简易通信联络和战前准备，三营汇报了全营军马上下汽车的情况。王占山副师长说："这个现场会开得很好，我参加了很多战斗，战前都进行了认真的准备，战前准备多流汗，战时就会少流血。七连的简易通信联络在战中很实用，七连用布做成套子把小锹小镐套上，防止在夜间穿插发出碰撞声响很好；三营的军马训练得也很好。你们的准备工作做得细、抓得实，为在对越作战中打胜仗打下了好基础。七连曾在解放战争中打天津，荣获45军'金汤桥连'称号，在抗美援朝战争中，荣获志愿军20兵团'一等功臣连'。希望你们在对越自卫还击作战中，为党为人民再立新功。"

王占山老团长这次接受习近平主席授勋"七一勋章"，我作为老部下，真心为他感到高兴，老团长获得这个荣誉实至名归，这个荣誉也是我们老部队的荣誉，更是我们老部队的骄傲。

（李德胜：1963年12月入伍，在485团历任战士、班长、排长、连长、营长。1979年参加了中越边境自卫反击战，带领三营荣立集体二等功、个人三等功。战后任团参谋长，485团第十七任团长。1986年转业到四川省绵阳市任统计局局长，被国家人事部和国家统计局联合表彰为"全国统计系统先进个人"。）

英雄鼓舞我前进

谭奇成

1962年国家处于困难时期，蒋介石叫嚣反攻大陆，不断派遣武装特务对我东南沿海进行骚扰，国家紧急从在校高中生和中专生中征了一批新兵补充部队。我就这样到了步兵404团三连五班当了一名战士。

到部队后的第一堂课就是参观团荣誉室。一走进荣誉室，先辈们用鲜血凝结成的各种锦旗奖状、战例战斗图表、英雄模范的照片映入眼帘，顿觉这是一支特别厉害特别能打仗、英雄辈出的光荣团队，特别是国际英雄王占山的照片格外醒目。参观后大家深受震动，觉得当兵就要像英雄们一样保卫祖国。过去只在书报电影上看到过英雄，现在就在英雄身边，我们都期盼能直接接触到英雄，把这当成一份崇高的荣耀。

机会终于来了。1963年6月，团组织特等射手考核训练队，一营由田景荣副营长带队，二营由王占山副营长带队，我们天天见面。现实中鼎鼎大名、钢筋铁骨、办事认真坚毅的王占山英雄态度平和，言语不多，没有任何架子或傲气，可他就是经历了辽沈战役、平津战役、衡宝战役、两广剿匪、朝鲜金城反击战等重大战役，身经百战的大英雄。训练中我们三连和四连的训练依托紧挨在一起。一天，王占山副营长检查四连射手瞄准，我瞄好后试着请王副营长也帮我看看，他二话不说，趴下就帮我检查起来。他非常认真地左看右看，看了一会儿，爬起来笑着对我说："不错！打靶时要瞄成这样，准能打上。"英雄的鼓舞坚定了我的信心，我牢牢地记住了这种瞄准景像。当时我们装备的是53式步枪，射击条件是人头靶距离300米，半身靶距离450米，隐显各3次，间隔10秒，6发子弹，每靶各3发，命中两个目标即为特等射手。考核时我按照王占山英雄给我检查时说的瞄准景像瞄准，第一个目标人头靶首发命中，第二个目标半身靶首发脱靶，我看附近草木被风吹有点向左摇动，迅即向右修正半个靶身瞄准，第二发枪响靶落命中目标，我成了当时全团为数不多的新兵特等射手。我非常感谢王副营长，我觉得英雄无形的力量是强大的，他的言谈举止能使你印象特别深刻，给你鼓舞和力量，使你坚定。

以后同王占山英雄接触次数多了，他经常给我们讲一些战斗故事，他那种英勇无敌的大无畏的拼命精神、那种顽强的战斗作风、那种善于动脑灵活机动的战略战术，使我们深受教育和鼓舞，我们从中得到很多启发。

在军事上，射击是我的强项。要打好射击，我的体会是，首先要搞懂射击的基本原理，破除迷信，取得自信。然后要苦练基本功，臂力、据枪、瞄准、呼吸、击发，每一个环节都得不分春夏秋冬、阳光雨雾、白天黑夜地反复练习，再苦再累也得坚持，没有捷径可走。之后还要根据环境条件的不同有所创新突破。

1964年年初，全军性的军事大比武开始启动。135师把各团拔尖的射击尖子集中到师里，进行56式半自动步枪、56式冲锋枪、56式班用机枪快速射击训练，由师参谋长贾里挂帅，师长耿志刚、政委梁大门时常到训练现场检查。我担任半自动步枪快速射击。这一项过去没见过，没教员，也没教材，仅凭《射击教材》上有一句"经过训练的良好射手，每分钟可发射35～40发子弹"就开始了训练。

对于快速射击，我过去有一些基础。主要矛盾是速度，要解决快的问题。训练中，我就摸索着解决一些影响速度的操作方法和习惯，比如改大拇指压弹为食指压弹，改拉动扳机上膛为抽取弹链上膛，改据枪人与枪保持30度角为身体右侧与枪在一条直线上，改据枪自然用力为适当加大用力使人枪结合为一体，等等。在时间分配上进行了设计，力争每6秒钟扣动10次扳机发射10发子弹；每4秒钟完成上一轮最后一发子弹发射后，从放下枪托装填子弹，到重新据枪构成下一轮瞄准的一整套动作，总目标力争一分钟发射60发子弹。

为实现上述目标，我两肘肩膀都磨出了厚厚的茧疤，食指常常被压破，疼痛钻心。当产生歇息念头时，想想英雄王占山一生把生死置之度外，战场上奋不顾身，我这点伤算得了什么？撕块胶布包一包，继续练习。通过刻苦训练，层层比赛选拔，我终于在半自动步枪快速射击上有所收获。

1964年8月，我代表成都军区，参加了总参谋部组织的全军大比武分区赛甘肃天水赛区的比赛。半自动步枪快速射击的规定项目比赛条件是：半身靶距离250米，胸靶距离200米，射孔靶距离150米，子弹30发，每靶10发，卧姿有依托，总时间1分钟。我取得1分钟30发30中的满分成绩，居3个赛区之首。接下来半自动步枪快速射击表演项目，条件是胸环靶距离100米，子弹不限，卧姿有依托，时间1分钟。我在1分钟内压了6次子弹，发射了62发子弹，命中61发，其中29个10环，29个9环，3个8环，脱靶1发。这次比赛，我获得一个第一名，两项一等奖。

1964年，我被授予成都军区"五好战士标兵"，军区给予记二等功一次。10月1日，我到北京天安门，参加了新中国成立15周年国庆观礼，受到毛泽东、刘少奇、朱德等党和国家及部门领导人的接见。

这些成绩和荣誉都是在老英雄的激励和鼓舞下取得的。

他的事迹鼓舞着千千万万的部队干部战士。我们虽然离开了部队，但仍然十分想念我们的老英雄。祝我们的老英雄健康长寿！

（谭奇成：1944年生，1962年6月入伍，曾任中国人民解放军54军步兵162师404团三连战士、班长、排长，团政治处组织干事，团司令部作训参谋，作训股副股长。1964年全军大比武，获半自动步枪快速射击规定项目全军第一名，参加新中国成立15周年国庆观礼，得到了毛主席接见并合影。1978年8月转业到重庆市，曾任多家中型国有企业领导。2004年退休。）

王占山团长带领我们开垦农场

吴著成

　　我是原485团农场场长，团军需股股长。我们485团农场位于河南安阳县高庄境内，土地面积5500多亩，接近6000亩，当时的可耕地面积只有2500多亩，后经过部队的努力，在当时连芦苇都不生长的盐碱地上，改造了2000多亩良田，使可耕作面积达到了5000多亩；从当时的小麦亩产不到150斤，提高到近500多斤，高产田可达到900斤。粮食的增产极大地改善了部队的生活，从而也提高了部队的战斗力，为部队的各项训练奠定了良好的基础，可给战士每天每人补助二两米面（演习、特殊训练等，可补助每个战士每天半斤到一斤米面），改善了官兵的生活（因当时供应的粗粮多）。

　　我军既是战斗队，又是生产队，不但能打仗，而且还能种田，我们485团在王占山团长的带领下，发扬南泥湾精神，将2000多亩寸草不长的盐碱地改造成良田就是证明。我们眼前没有地，那白花花一望无际的，都是盐碱，老百姓都不要，给他种都不种，全是我们干部战士自己改造出来的。我们都是用背包带拉犁耕地，都是用人工，用拖拉机都不行，拖拉机一下去，整个拖拉机的履带全部都陷进去出不来。但是我们485团的干部战士们干劲十足，生生把盐碱地给改造出来了。我们开垦的盐碱地，可种小麦和水稻，每年可为部队提供优质粮40多万斤。在留足部队用粮后，每年还向国家交售一部分粮食。我们还改造了30多亩鱼塘，实现了种、养、加工一体化。

我们自力更生，科学种田，敢走前人没走过的路，在盐碱地上试种水稻。我们485团农场1971年试种了30亩水稻，取得了成功，当年亩产达到了350斤，高产的达到了500多斤。当时还没有人敢在盐碱地上种植水稻，连我们从河南信阳农科所请来的水稻专家也很担心，对于是否可试种成功也持有保留态度。但我们485团种成功了，之后我们逐渐扩大种植面积，扩大到1000多亩，我们自己加工成大米，直接供应部队，受到了师、军和武汉军区的表彰。

我们还积极开展农副业生产，引进优良品种。我们种玉米、种高粱，发展养猪、养鸡，供应部队，还酿造烧酒。农副生产搞好了，部队训练战士的素质也提高了，485团当时的各项军事成绩在全师全军都是名列前茅的。

以上这些成绩的取得，都离不开我们485团的王占山团长。农场的开垦成功，饱含着王占山团长的极大心血。为了搞好农场建设，他把农场建设提上团党委议事日程，由一名副团长负责农场的工作，而他本人长期坚持到农场协调解决问题，节假日和星期天也不例外，他都去农场现场办公。王占山团长时时处处关心农场干部战士的生活，让大家都能够安心农场，扎根农场，建设农场。种好地、多产粮是我们的目标，王占山团长身体力行，极大地鼓舞了我们干部战士的热情，也是我们485团干部战士能够成功开垦农场最重要的精神动力。

（吴著成：1970年12月入伍，1971年7月1日入党，历任54军162师485团农场战士、后勤管理排长、农场助理、农场场长、485团军需股股长、管理股长。1986年转业。）

回忆我的老营长

龙怀明

王占山老首长坐着轮椅，接受习近平主席授勋，作为老部下，我感到非常骄傲和自豪。他是我们485团的一号首长，我们都叫他王一号。我当新兵他是副营长，他做报告的时候我认识的他。从我当兵的时候开始，到我当连长离开部队，他都是我的领导。

我是1963年12月9日上午9点离开家的。从老家到了绵阳县城，现场换军装从军，步行三四天，背着背包，冒雨急行军来到了重庆璧山，来到我们部队的驻地。

1964年春天，王占山把二营新兵集中组织起来。他在前面说，急行军前三名和投弹45米，全营嘉奖。开始急行军，他在前面跑，我们新兵就在后面跟着。我紧跟在他后面跑，当时我年轻，就跟在他后面一直跑，他的军事素质非常好，最后我跑了第二名。然后他又组织营里的新兵投弹，新兵一个一个投，投完之后他就给我们讲要领。急行军我是第二名，投弹45米得第一，结果我得到了全营嘉奖。他擅长通过新兵的训练，发现苗子，发现人才。他有个小本，他的心很细，到了连队里，他能直接叫出每个战士的名字，对每个新兵的情况都很了解。老营长没有架子，他会用自己的模范行为带动新兵。我觉得我们老营长身教胜于言教。他是战斗英雄，又是副营长，却能跟战士打成一片，在部队跟干部战士的感情就跟亲兄弟一样。

老营长很爱兵。1965年春天，我们二营四连组织连进攻。我们是三点钟吃饭，四点钟进入演习进攻阵地。那天下雨，他穿着雨衣在前面我们也认不清。我们四个人两个火箭筒。我和班长一个组。王营长在阵地上检查炮兵装备、兵力摆放、60炮和火箭筒等武器。我是火箭筒操作手，他在阵地前面看到我就问："你是哪个班的？"我说是火箭班的。他说："你们是连里面的重火器，不能靠前啊！你们在有效射程稍微靠前就可以。"当时我是一不怕苦二不怕死、越往前越好的心态，随后老营长命令我们全体往后退20米。我们当时心里还想不通。过了一会儿，炮击开始了，炮弹真的砸到我们原来隐蔽的地方！当看到炮弹爆炸，真的是心有余悸。要不是王营长让我们退后20米，我们就全完了。打过仗的人跟没打过仗的人真是不一样啊！我们营长打过仗，有实战经验，平常训练跟打仗一样，他总说，自己不能保护自己，打仗时候自然减员是非常不值得的，这就是我们平时训练的意义。到我们班上的时候，当时我们班长动作慢了，他个子矮，在壕沟里姿势操作不当，打在碉堡口下面20公分。团长生气了。我随即就冲了上去，一个翻身一秒瞄准击发，把碉堡机枪口炸塌了。团长高兴了，说这个兵要表扬。王营长也非常高兴，亲自到连里口头嘉奖我。王营长实战经验多，他经常说，平时训练就要跟在战场上一样。

王营长非常爱护战士。1965年的六七月份，王营长带着团政治处干事到连里问我，是不是在家当过会计。当时老家农村搞运动，要让我回去交待问题。王营长顶住压力，坚决不放，他说："这个兵我了解，这个兵是个好兵，不能带回去。"我就没回去。他说："你们把我的兵弄走了，我们还叫部队吗？士兵东一个西一个还咋打仗呢？"我非常感动老首长对我的信任。要不是王营长，我真的就会被冤枉。等到半年以后，老家传来消息，审查完了，我被评为全公社最优秀会计。团里又来人问我入党申请书写了没有。我便马上写。1965年，我入党了。支部会发展我入党，我成了预备党员。王副营长爱护、信任自己的战士，关键时刻保护战士。我当兵，是因为一个好领导，更让我坚定在部队干下去的决心。

我入党了，党考验的时候到了。当时我们部队的营房很破旧，团里号召学习张思德精神，自力更生。团里决定烧窑，任务下到二营。营长王占山把我叫过去，说团里要搞建设，你要接受党的考验，你带30个人来完成这个任务。我是副班长，能带这么多人？我当时也挺激动，我说："他们能听我的吗？"王营长就到我们连里宣布，一切听龙怀明指挥！我就胆气壮了，我带领30多名战士，在山里烧窑烧了半年多。炸石头，往下滚石头，搬石头，运石头，在这个过程中，他每个礼拜都到山里（高山）看望我们一次，在实施当中亲临现场指导，还教我们方法。在这个过程中，我们任务完成很好，也没有出现任何伤亡，王营长很满意。老营房全部改造完成了，我又得到了全营嘉奖。

当时我们连的任务是负责保卫重庆警备司令部。有一次发现有几个可疑的人总是出现在司令部后面，我赶紧让战士报告上级。不一会，王占山亲自带人来了。老营长说哪里有战士，哪里有我；哪里有困难，哪里就有干部。我在旁边听得很真切，老营长的这句话对我震动非常大，这么多年，我一直记着。当时我是班长，从当班长开始，我就记着这句话，我当班长、当排长、当副连长、当连长，都没离开过战士。我是神枪手、神炮手、战术标兵、投弹能手，取得这些成绩都是受到了老营长的精神激励。

老营长任何时候都不放松对军事的训练。他每天早上都抽一个班检查检验投弹、射击、刺杀等科目。他跟我说，任何时候绝对不能放松部队训练，我们打胜仗靠部队，靠过硬的军事技术。

他当副团长，我是代理排长。有一天刮大风下大雨，他到我们连，他说我检查你们炮排的战斗力，我们讲个条件，一发击中目标算你优秀，二发算你良好，三发算及格。连长说那没问题。我是代理排长，我负责选择地形，重新挖坑，架炮。老营长其实几天前就已经把目标设好了，远处的树枝都捆好了，但是因为起雾，还是大风大雨天，目测会出现偏差。我们的60炮直线能打1500米，他问我，你测多少，我说400米，连长说300米。我心里也没底气了。营长跟连长说："你别说话，我今天考核他。"连长跟我说你今天打成优秀，我给你杀猪。我定神测了650米，因为下雨，我用手盖住炮口，瞄准镜瞄准，副射手装弹，发射，远处的目标消失了。第一炮就把目标给炸飞了。老营长高兴了，连长一个劲说杀猪！老营长跟连长说，你还没我了解他呢！连长挺守诺言，连里还真杀猪了。全连队战友都吃上了猪肉，大家都很高兴。

王占山非常爱护战士。当时部队在四川，很长时间都是阴雨连绵，地上都是水，站也不是坐也不是，战士们宁愿蹲着也不把背包放在地上，不然湿掉了睡觉也睡不好。王占山就给我下达任务："你给我编一个草垫，下午全营点名的时候，我给他们都瞧瞧。"下午他就在全营面前说："你们每个人都编一个草垫，一定要比他编得好。"结果我们每个战士都有了自己的草垫。王占山老营长的心很细，草垫子这个事情，能看出他心里装着战士，他只要知道问题，就会想尽一切办法解决问题。现在回想起来，事情虽小，却体现细节，他有颗金子般的心，爱兵之心。

王占山对战士是严管厚爱。他非常能吃苦，跟战士打成一片，讲台上是个官，下了主席台就跟战士们打成一片。他真正做到了哪里有战士哪里有我，哪里有困难哪里有我。我很幸运王占山小本本上有我的名字，在王占山老营长下面当兵，是我的骄傲。

我的儿子龙飞，从军也在485团，也是在二营，也是在四连，并且也是从通讯员开始的士兵生涯。

（龙怀明：1944年生，1963年参军，1965年5月入党。历任54军162师485团战士、班长、排长、连长，先后被师团嘉奖8次。师嘉奖荣誉称号"神炮手"，团嘉奖荣誉称号"神枪手""战术标兵"，1978年转业到河南安阳市中级人民法院，2005年退休。）

接我当兵的人

陈泽清

我是 1964 年 12 月 22 号入伍的，是王占
山亲自接的兵。我老家在四川宣汉县。

当时新兵已经在县城集中了，我们新兵
换了军装，都按照口令在操场上走圈。现在
想起来，走圈就是观察这些新兵有没有不合

适、身体不合格的。一想到要离开家了，我心情不是太好，
走路的时候可能有点心不在焉。那时我的家中负担很重，我
正想着心事，加上操场不平，我在队伍中就显得很特殊。站
在操场中间的军人看到我叫我出来，他就是王占山。王占山
说："你今天装瘸子，是不是不想到部队？"我说："我家里
比较困难，今天要离开家了，心里有些难过。"他说："哦，
原来是这种情况，家里困难，公社会照顾。你家庭困难，还
来参军，是个好青年！将来到部队一定有前途！"我说："我
想再回家看看。"我家里到县城有 8 公里，王占山说："你现
在回去，明天早晨天亮之前赶回来。"我很高兴，赶紧往家
跑。回家之后，想到明天早晨天亮之前不一定能到，所以想

来想去，当天晚上就回去了。我见到王占山之后，他很高兴，他说："这个小同志还是很守信用的！将来到部队一定很有出息的！"

我们新兵训练结束之后开始分兵，他把我要到二营了。王占山当时在二营当副营长。他很关心我，出操上课，队列训练，只要他一看到我就喊："小鬼，过来！还有思想包袱没有？"还没等我说什么，他又说："你放心，你们那个县的武装部部长，是我们485团下去的，家里有什么困难跟我说。"我一直记得很清楚，我在当新兵的时候，看过毛主席接见他的照片，可是眼前的这个军人看着不像是战斗英雄，我心中的战斗英雄都是非常高大威武的，可是，他说话那么和气，怎么会是战斗英雄？可见我那时候的心理还真是很幼稚的。

到了部队之后，刚开始跟谁都不熟，我就跟他熟。我那个时候对他有所依赖，感觉很亲切。我当了班长之后，他在我们连队蹲点。老营长身上有个小本子，他经常翻他的小本子。有一次在灯下，他翻小本子，我在旁边看到这个小本子上写着：陈泽清，四连一班。我当时心里想：坏了，营长记上我的名字，不好调皮捣蛋了，我在他这里挂号了。现在想起来，记上小本本的人，应该是老营长重点关注的人，是培养对象。

老营长对待我们平时的训练非常严格。射击训练的时候，他亲自趴在地上，跟教员一样，帮战士矫正各种姿势。他非常爱兵。我们营房在璧山的时候，营房边上有条河，星期天他不回家，经常来河边转，一边走还一边说，我在看看你们违规没有。因为我们有规定，在河里洗衣服的蹚水不能超过膝盖，不能在河里洗澡。他怕我们战士出事，几乎每个星期天都在河边转，看着我们。

部队调防安阳以后，老营长就当了团长。我是二营四连三排长，然后是副指导员、指导员。我对军事很感兴趣，当兵不就是为了打仗吗？我的射击技术非常好，军事素质也非常好，射击、投弹、刺杀、单兵战术，比其他战士训练精得多。参加成都大比武，我们四连一班，八项有六项第一、两项第二。1964年大比武之后，部队训练抓得很紧，培养尖子的班，每天五公里之后还练习刺杀，越野跑回来以后，床都上不去。因为拼命训练，我晕倒过一次。我从这个班出来之后当二班长。相比较而言，比较倾向于军事干部。但提了副指导员之后，我闹了情绪，因为不愿意当政工干部，早上没去出早操。老营长发现了，跑到我们宿舍找我，一看我正在睡觉，他就问："你干啥？"我说生病了。老营长火了，说："你思想有病！你赶紧给我起来！"我赶紧站起来。他熊完我一顿之后，团里首长也找我谈话。我说想不通，我不懂政工。他就说不会就学，好好干工作。

对越自卫反击战的时候，王占山是我们162师副师长。当时他带领部队正在搭建我们必须通过的一座浮桥。等我们部队过桥的时候，老首长看到我就说："陈泽清，你出来。"我说："首长，你要注意安全！"王占山大声说："这是我要对你说的话！我上过战场，都死过几回了！你要给我安全回来！"我给老首长敬个礼。我是他亲自接的兵，他要我一定活着回来。打完越战，我回来就去找老首长，老首长很高兴。

打完仗之后，我被调到林县武装部当政工科科长。我一直认为是王占山首长调我过去的，但是我一直没问他。老首长作为战斗英雄到安阳军分区工作。当时组织民兵军事训练会，王占山就带着安阳军分区的人过去组织训练，一看武装部的水平，他就不满意了，跟武装部说，叫你们那个武装部政工科科长出来，叫他组织这个训练，他能把这个训练给组织好了！我一个政工科科长，搞军事训练，从射击到单兵训练、刺杀，都组织得很好。开现场会的时候，大军区副司令来了，武汉军区武装部都来了人，林县武装部部长、副部长、军事科长都不出场，部长是解放前老兵，就跟我说，还是你出场吧。当时王占山副司令员和前来参观的各大首长在上面，我就带着我们民兵搞各种训练表演。武汉军区司令看完之后表扬我们："你们组织得很成功，都很好！"老首长把安阳军分区的事情压到了老部下的头上，对我是一种莫大的信任。

我现在想起来，把我从部队调回林县武装部一定是有计划的，老首长了解我，我是他带出来的，我的军事素质他非常了解。

我跟老首长之间的感情，甚至已经超出了上下级之间的关系。当年安阳发大水，王占山当副司令的时候，曾经蹚着过膝盖的水，到我家里去看淹了没有。他都没有回自己的家。这件事情我一直记在心里。

我在部队立三等功三次，我们连是全军的军事示范连，我是54军模范指导员，没有首长关心，我怎么可能做到？我的进步跟他有很大关系。

我们部队每年新兵来，老兵走，每个人都知道王占山。王占山是我们部队的战斗精神，是我们每个人看齐的目标。

这次电视直播授勋"七一勋章"的时候，我看不够。王占山老首长他代表的是我们部队，是我们部队所有的人。

（陈泽清：1946年生，1964年入伍，1966年10月入党。历任原54军162师485团战士、班长、排长、指导员、教导员，1979年2月参加中越边境自卫反击战，荣立三等功三次，全军通报嘉奖"优秀指导员"一次，1985年转业到安阳市电业局，2006年退休。）

那一年，团长救了我女儿

谢文礼

我是原485团二营机枪连连长，1963
年12月入伍，1979年对越自卫反击战结束
后，当年10月转业回到三台县新生区任武装
部长。1996年因年龄偏大改任党委调研员，
2001年退休。

我入伍时分配二营二机连，正好王占山就是我们营的营
长。接触时间不长他就当团长了。不管他当营长还是当团长，
我对他有三点印像。

第一是老团长爱兵如子。他在训练上对战士们严格要求、
严格训练。他经常讲，平时多流汗，战时少流血。他手把手
地教，做各种讲解示范。

第二是王占山团长非常平易近人。他没有架子，不搞特
殊，跟战士同吃（那时营部就是在我们连一起吃饭），他特别
关心连队的生活（伙食）。每个星期都要组织一次各连的炊事
班炒一个菜进行评比，评口味评质量。通过这样的评比，让
各连的饭菜质量都得到了很大的提高，站士们吃得可口，训

练体能跟得上去。

第三，王占山团长非常关心干部战士的个人生活。我记得有一年我爱人带着两个孩子到部队看我，那时候我女儿才5岁，突然发高烧了，家属队领导得知后立急请示团里。王占山团长知道后立即派出他的小车（那时全团都只有一辆小车和一辆生活用车），送孩子到离营房还有几十里远的军队医院就医。到医院检查，孩子因为高烧已转成肺炎，再晚来后果不堪设想。王团长挽救了我女儿的生命。我万万没想到身为一团之长的王占山会派团里的小车来送，他把全团干部战士的事情都当成了自己家里的事情，让我非常感激。

这么多年过去了，我还是从心底里感谢我的老首长对我的关爱，对部队官兵的关爱。

（谢文礼：1963年12月入伍，原54军162师485团二营机枪连连长，1979年10月转业到四川省绵阳市三台县新生区任武装部部长。1992年撤区建镇任新生镇武装部部长。1996年任新生镇党委调研员，2001年8月退休。）

老营长跟着我们机枪连吃饭

曾庆贵

我先在一营营部当通讯员，然后到三连当排长，又当了机枪连的司务长。

我印象最深的老团长王占山有句话：嘁里咔嚓！全营紧急集合之后他要讲话，他都要说这句话，后来我才知道，这句话的意思是不要拖泥带水的意思。

我在五连，有一天营里调我到机枪连当司务长。他下来转来转去在三排看到我，就问我："怎么还在这里啊？"我说还没有到日子，他就说："要赶快去啊！"我3月5号就到机枪连。机枪连的伙食不太好，一天团长到了机枪连找到我："怎么样啊？"我说还可以。他就说："好好干，把生活搞上去！"我们机枪连的伙食要改善，怎么办呢？我就开动脑筋，开始养猪。那时候部队吃个面条很不容易，要吃面条还等特殊的日子，病号才能吃到面条。所以能吃上猪肉也只能是过年了。我们机枪连当时有90多人，训练任务也非常重，战士们不吃好训练就会有问题，改善连里的伙食迫在眉睫。

我到了机枪连一年多，战士们的伙食标准上去了，还赚回来不少。为什么呢？因为我养猪给战士们改善生活。那时候每个连队都开始喂猪，每天早上挑粪、种菜，紧忙活。机枪连生活改善了，我受到王占山老营长在各种场合的表扬。

那时候我们的伙食都是大米掺和小米、玉米等杂粮，吃饱还是可以吃得饱。每人每天一斤半粮食作为标准，我们部队当时在四川，招收的全是四川兵，四川兵在四川吃大米，面是改善生活的，面食就是馒头、包子、饺子。可到了河南以后，百分之七十的细粮是大米面粉，还有百分之三十玉米面、苞谷面，大米小米煮成一大锅，四川兵不爱吃，就吃不饱。领导对连队生活伙食非常重视，师里有农场。在王占山团长的努力下，我们也在安阳县的高庄开垦了农场。有了农场，大米也多了，杂粮喂猪，猪也养起来了，基层连队的伙食也渐渐好起来了。王占山首长就常说：身体上不去，何谈战斗力！我们二营机枪连，还管着营部二十多人的伙食。我们吃什么，营部领导就吃什么。所以我们机枪连的生活好不好，王占山一吃饭就知道。王占山老营长对战士们吃得饱不饱、好不好非常关心。

我在机枪连当司务长不到两年，就调到营部当管理员，王占山就到了团里当一号团长了。

（曾庆贵：1965年8月入伍，54军162师485团二营二班，1970年1月任二营机枪连司务长。1984年4月转业到重庆市药剂学校，2006年退休。）

我的榜样王占山

李东江

我是1969年的兵，当我走入军营的时候，王占山老首长已经是营长了。当时他在二营，我在三营。后来我到团司令部当了参谋，王占山首长已经是团长了。

看到老首长穿着戎装，坐在轮椅上用军人特殊礼仪向习近平主席敬礼，接受了习主席颁发的党的最高荣誉——"七一勋章"的时候，我特别激动。我跟王占山都在三营七连待过。他在七连的时候曾经带领战友们在抗美援朝金城反击战中坚守408.1阵地四天四夜，打退敌人38次进攻。26年后的1979年2月21日，我带着七连战友在保卫南疆的战役中坚守长形高地两天一夜，打退敌人19次反扑，在王占山老首长的事迹感召下，我们七连一路血拼，最后胜利而归。

在战前的光荣传统教育中，我们就以七连铁血硬汉王占山的事迹来鼓励大家。他坚守408.1高地直至最后剩下6个人，阵地还牢牢控制在自己手中。他被敌人的飞机扔下的每枚2000磅的炸弹炸晕，埋到土里两次，耳朵也聋了，眼睛也看不清了，被战友们扒出来，仍然继续指挥战斗。最后在烈士堆里，又被老乡战友董怀忠给找了出来。又经过四天四夜的抢救，才活了过来，这才有了后来毛主席的四次接见。我们战前宣誓，继承和发扬连队的光荣传统，把七连老一辈的战旗高高举起，用鲜血和生命捍卫祖国的尊严，用胜利回报祖国的厚爱。在阵地冲锋时，我把党员召集到一起：一个党员一面旗，危险时刻党员先上。我们全连战士奋不顾身抢占制高点，先发制敌，强攻占领了长形高地。在长形高地的防御过程中，我们连队干部战士两天两夜没有吃饭，没有休息，战士们极度疲劳，我们阵地周边草丛中的露水全被战士们舔干了。长形高地是两条路的交叉路口，地理位置极其重要。当时我们跟上级失去了联系，在长形高地上陷入了孤军作战的态势，陷在了敌人的包围之中。这时候我们召开连党支部会议，议题就是坚守长形高地，与敌血战到底。党员骨干就到班排做动员，我们全体干部、战士都做好了为祖国献身的准备。当时我们有7名战士牺牲，30多名战士负伤，我们在清剿残敌、救治伤员的时候又被敌人炮火反击，我的左臂也负伤了。我们在阵地上互相鼓励，随时准备跟敌人血战到底，坚决守住阵地，向我们连队的老英雄王占山学习，人在阵地在！在英雄王占山的精神感召下，我们一路血拼，七连取得了战斗胜利。我们的胜利是和王占山的战斗精神紧密相连的。战前我们以王占山的战斗精神为动力，战中我们学习王占山坚守阵地。王占山精神对我们的战斗力起到了极大的鼓舞作用。我们坚守长形高地两天一夜，在占领长形高地的时候还不知道，这场战斗对整个战役有多么重要的意义。

王占山老首长曾经给我讲过金汤桥连的故事。我在当班长的时候，就是团里集训队的班长，后来我到团作训股当了作训参谋。当时部队为了战备，所有排以上干部必须参加训练，师里面领导当连长，团领导当排长，营领导就是班长，我是团首长的教员。当时我和他住在一个窑洞里。我崇尚英雄，那时总缠着他，说，团长，你能不能给我讲讲你的战斗英雄故事。他是很谦虚的人，但经不住我的软磨硬泡，他就给我讲了七连。后来我才知道，他当战士就在七连，我第一次知道金汤桥战斗是从他那里听到的。他讲攻打天津攻占金汤桥，牺牲了很多战友，我们连队在所有攻城部队当中最先占领了金汤桥，七连指导员马占海牺牲在了金汤桥上。我们七连被上级命名为"金汤桥连"。他跟我说，你是作训参谋，以后你在搞训练的时候，你要到七连，就会了解到他们的勇敢精神。那个时候我就想：七连的精神是什么？要桥不要命，为了胜利，可以牺牲一切。我对七连的印象很深。七连是我们团的先行连，七连是我心目中的英雄连。我并不知道在

6年以后，我会成为七连的连长，带领着七连坚守阵地，并以战斗英雄王占山为楷模带领七连坚守阵地。

特别高兴王占山老首长这次获得"七一勋章"，衷心祝愿老英雄王占山健康长寿！

（李东江：1951年生，1969年入伍，原54军162师485团"金汤桥连"连长。中越边境自卫反击战中，带领连队参战被中央军委授予"突击英雄连"，个人被军党委授予一等功。1985年转业到地方。2019年被联合表彰为"重庆市模范退伍军人"；2020年被重庆市委宣传部、市精神文明办评为"重庆好人"；同年被中央文明办评为"中国好人"；2021年被重庆市委评为"重庆市优秀共产党员"；同年被重庆市退役军人事务局、重庆市江北区政治工作局评为"重庆市最美退役军人"。至今担任江北区退役军人事务局"指导员在线——东江聊天室"负责人。）

难忘的刺杀训练

雷 奇

　　建党百年，老英雄王占山首长来北京参加授勋仪式，我与原485团的北京战友在北京军事博物馆看望了老首长，共同参观回忆老部队的光辉历程。衷心祝愿老首长身体健康。

　　1975年是我入伍的第六个年头，7月左右得到团里通知参加集训队备战54军组织的八一军事比赛的刺杀项目。正值夏季骄阳似火，身着厚厚的护具，几个回合下来人就像水里捞出来一样，军装滴着水，浸满汗水的海绵垫捂得人喘不过气来，为了不耽误训练我们干脆准备两块海绵，打湿的一块放在太阳下暴晒备用、脱下军装军裤仅穿短裤戴护具相互拼杀，"嘿！嘿！"喊声响彻训练场。此时老团长王占山骑着自行车来到训练场（当时他已经是师副参谋长），看到挥汗如雨的训练场景首长十分高兴。他问道："小雷今年多大了？当了几年兵？"我立正回答："22岁，六年兵。"首长示意我们休息一会，接着给我们讲述了他白刃格斗的战斗经历。他说："拼刺刀我的战术就是后发制人。我曾两次和敌人拼过刺刀，第一次是在天津战役，对手是一个国民党兵，他端着枪，长长的刺刀向我刺过来，我一个防左将他的枪打掉一米多远，丢枪的国民党兵扭头逃跑被我从后面一个突刺消灭掉；第二次白刃格斗是在朝鲜战场，人高马大的美国兵冲过来刺向我的胸膛，我仍采用后发制人的战术防左挡开了对方的刺刀，抽枪刺向对方的腹部，美国兵来不及哼一声就被消灭了。"首长向下拉开圆领汗衫的领子，胸口自下向上有一条十几公分的白色疤痕。可以断定这是刺刀刺向胸膛的瞬间，受到防守的力量使刺刀改变了方向由下向上挑破了皮肤。老团长以无畏的精神和娴熟的战术赢得了战斗。

　　时光荏苒，一晃46年过去了，火热的军营生活、老首长的战斗故事一直深深留在记忆中。

　　（雷奇：1970年入伍，原54军162师485团二营四连，1976年复员到北京电子表厂，1980年入职中国纺织科学研究院，1991年入职中日合资北京富城制衣有限公司。）

士兵眼中的王占山

李冀平

一 挨上战斗英雄的一顿骂，也是我们的无尚光荣

我是1969年1月在北京入伍的，王团长对我们这种城市兵要求严格。那一年夏季，我们在山上搞训练，生活条件非常艰苦，挖窑洞，睡土炕，几个北京兵身上被跳蚤咬烂了，浑身化脓发低烧，还发出恶臭。卫生员一看说："不行，这病我治不好，你们赶紧下山到团里去治。"我和雷奇回到团里，住进了卫生队，没想到对面就是王占山团长的病房，那时候他正在闹红眼病。我们说的是北京话，可能在走廊说话不注意，声音大点就被王团长听到了。王团长当时就走出病房，看到我们劈头盖脸地一顿臭骂："就你们这些城市兵搞特殊化，不在山上好好训练，跑下山泡病号！"团长一骂就骂了半天，我们俩立在那儿什么话都不敢说。团长的红眼睛瞪起来更吓人，我们也不敢直视，团长训斥我俩就跟老子训儿子那样。其实，我们一点都不怕，还窃喜甚至感到很光荣，因为谁能有机会被战斗英雄骂一顿呢？挨上战斗英雄的一顿骂，是无尚的光荣啊！这是那时候的真实心态。王团长一时半会儿还停不下来："你们北京兵，干部子弟，怕苦怕累，搞特殊化，别人都在山上训练，你们就敢下山给我装病号？怎么来的怎么给我回去！"他骂着骂着突然问了一句："你们都是什么病？"我们赶紧说："被跳蚤咬了。"一说不要紧，王团长更火了，他一下子跳了起来："什么？被跳蚤咬了你们就下山？"那样子就像是要吃了我们，我们赶紧解开衣服让他看，他看到我们浑身上下没有一块好肉，皮肤溃烂，变成了黑灰色，军装与脓血粘在一起。王团长当时就不骂了，舐犊之情油然而生，大手一挥："马上给我看病去！"我们赶紧穿好衣服，立正敬礼溜走了。那时候北京兵在王团长印象里全是高干子弟，王团长可不管那套，他对干部子弟极其严格。当时我们团里有不少高级干部的子女，说来也奇怪，这些人在王占山团长面前都规规矩矩的。相反，王团长很少训斥其他干部和战士。王团长对干部的严厉和对士兵爱护是出了名的。

二 王占山团长给炊事班长燎脚泡

记得我们团拉练行走河南太行山南麓，夜行军大拉练。天快亮了的时候，我们团在公路边休息，炊事班长是四川奉节兵，背着行军大锅，脚上打了好几个大脚泡。他就把鞋脱了，亮起又黑又臭的大脚板，晾着晾着他就睡着了。王占山团长巡视路过，他一眼就看到睡在路边的炊事班长，尤其是炊事班长的大脚丫子特别显眼。王团长走到炊事班长身边，啥也没说，点了一根"大前门"烟，蹲下来动作熟练地开始给炊事班长燎脚泡。当时我们都在旁边休息呢，那脚丫子味，都没法闻，顶风熏人三十里，都躲在一边。王团长却一声不吭地给炊事班长燎了半天脚泡。团长燎完了脚泡后，便和班长聊了起来。周围的战士们都看在眼里，那可是咱们团长啊，团里最大的官，两三千人的头儿。人家还是战斗英雄，一等功臣呀，这么大的首长竟然给一个炊事班长、一个大头兵燎脚泡。古有吴起跪地亲自为兵士吸脓，今有解放军团长为兵燎泡。这是真实发生在我们英雄团长王占山身上的事情，我们四连的战士们亲眼所见一个身经百战的英雄是怎么关爱自己手下的，一个老兵是怎么爱护新兵的，这种言传身教、潜移默化，不管多么调皮捣蛋的士兵，心灵都会受到震撼。不管我们今后走到哪个岗位，职务高低，即便是离开了部队，这种感动也还会一直在。王占山团长在我们战士中的威信，那还真不是一般的高，他就是这样一个深受我们爱戴的团长。

三 用脚丫子打重机枪的王占山团长

这个故事是老班长讲给我的。

上个世纪六七十年代的一天，王占山当团长的485团在搞军事训练。新兵在训练场上打靶，重机枪连新战士面对苏制重机枪不得要领，手忙脚乱。这种重机枪自重45公斤，前面有挡板，需要四个人来配合才能射击。王占山在后面早就看得不耐烦了，走上来大吼一声："都给我看好了！"只见他动作娴熟地瞄准，迅速把水平和方向机调整好，紧固锁定，行云流水一气呵成。正当战士们鼓掌叫好喝彩的时候，最不可思议的场面出现了，王占山团长竟脱下了军鞋，席地而坐，用他那只穿着白袜子的脚趾头扣在重机枪的扳机上，只听得"哒哒哒"一阵轰鸣，靶场前方的目标应声而落，旁边的干部战士们都看得目瞪口呆，连鼓掌都忘了。

事后战士们私下议论：咱们团长真行，要不咋是国际战斗英雄呢！我们连他的脚丫子都赶不上！后来，战士们添油加醋，几乎成了神话，说是团长在朝鲜战场用脚丫子打败美国佬！

故事就是这样一代一代传了下去。

（李冀平：1951年5月生于北京。1969年入伍54军162师485团四连。1973年退役，进入北京市机械进出口公司。2011年退休。）

我是首长的警卫员

邓彦彬

我是1974年12月入伍的，新兵训练之后分到警卫连二排六班，1977年3月份调到警卫排，我就是那时候见到了王占山首长。那时首长的职务是师副参谋长，然后是副师长。1979年2月17日，对越自卫反击战开始，组织安排政治上比较可靠放心的骨干，抽调保障前线的后勤，我作为骨干被连队挑选，那时候就跟首长分开了。中越边境自卫反击战之后，1980年2月份，我转业地方。

在部队跟首长在一起的时候，有好几件事情印象非常深刻。一次是我以为没有事情了，就偷着到旁边的公园去玩。年轻嘛，谁知道部队突然召开紧急会议，首长找不着我了。开完会后首长就训我："你到哪里去了？"我实话实说去公园玩去了。他就很严肃地批评了我一顿，说有事情要事先请假，部队有紧急任务我随时能找到你。我印象非常深。

首长有晕倒的毛病。我在他身边当警卫员的时候，就遇到过两次。一次是去开会，大概是1978年三四月份，首长下车以后往会场走，我跟在后面，他走着走着突然就晕倒了。给我吓坏了，我和周围的人赶紧扶着他。首长大概缓了有二十多分钟。我让他休息，可他又坚持着去继续开会了。还有一次是到486团教导队去，他在看战士们训练的时候突然晕倒了。首长晕倒是因为在他头部有弹片，在朝鲜战场打仗的时候留下来的，一直没有取出来，就落下了这个毛病。

首长在生活上对我很关心。我是农村兵，家里负担很重，我兄弟姐妹6个，我是老大，父母身体不好，父亲也是抗美援朝回来的老兵，复员之后回老家务农。1977年12月份，快过年了，家里写信给我。我那时候年轻，有时候情绪不对劲会表现出来。首长就一直问，我不说不行。当他了解到我家里出现了困难后，就把他的工资分给我，让我往家里寄，最多一次给过1000多元。他隔一段时间就500元、1000元给我，让我往家里邮寄。

首长把身边的工作人员当成自己家的孩子一样。我是1957年9月15日出生的，跟首长相差28岁。对我来说，他比亲生父亲还要亲。我在1978年入党，他教育我任何时候都要听党的话。他任何时候都严格要求自己，对我的影响是言传身教，潜移默化。首长在部队经常下连队，跟战士们一起训练，对战士要求比较严格。首长对实战科目比较重视，跟战士在一起训练，对连队官兵要求很严。首长的军事素质和临阵不慌对我们影响非常大。一次下连队搞实弹训练，一个新战士甩手榴弹很近，大概不到二十米，这个战士把手榴弹甩出去之后，就愣愣地站在那里。这个时候首长距离这个新战士不到五米，他迅速上前将新战士按倒，我当时想冲到首长前面，结果首长冲到前面了。这在我的一生中印象都非常深。

首长对待士兵如同家人，生活上对战士们很体贴。首长对部队的训练是以实战来要求的，他跟年轻战士一起比军事课目搞训练，比战士还熟练。休息的时候他经常去连队，跟我们战士一块吃住。到连队以后，战士有事情，首长只要知道，一定会照顾。他在工作之余就跟战士们谈心，经常说起以前他在战场上的经历。朝鲜战争过去那么多年了，他经常念叨那些牺牲的战友，有时候还掉眼泪。他说自己是死里逃生，是从死人堆里被抬出来的，现在还活着，是好多战士的生命换来的。我印象很深。首长有事情都是当面说，都是对事不对人。

我1980年2月复员回到安阳化纤纺织厂。工厂效益也不好，1995年我就下岗了。首长到军分区当副司令，我经常去看他，他还是经常问起我生活上的问题。当他知道我结婚了没告诉他，他很生气。虽然遭到了首长劈头盖脸的训斥，我还是非常感动，我感到了父亲般的关心和爱护。

他经常叫我到家里吃饭，过年过节就打电话叫我过去。

我就陪着首长一起钓鱼聊天。他经常问我生活怎么样，过得好不好，我必须如实一一回答。首长告诉我，工作上一定要严格要求自己，要听领导的话，我牢记在心。首长的性格还是爱开玩笑，我给他打扫卫生，整理家务，他都不让，打电话要我到家里就是聊天、吃饭。首长虽然年纪大了，但是记忆力还是相当可以的。首长对我家，对我老家，甚至是对我爱人家，生活上几乎是无微不至地照顾。每次去看他，他总是让拿些生活用品和钱走，不拿不高兴。首长对我有恩。

首长让他的孩子都叫我大哥，孩子们也很尊敬我，但家里的事情首长在任何时候都没有让我出过力。首长这个人对生活上没有要求，就是工作忙起来累了抽烟，他工作起来连家都忘了，家庭永远放在工作的后面。

首长离休之后，经常去各个学校做报告。

这么多年我几乎是一个礼拜去家里看他一趟（疫情期间没去，我担心他年纪大了身体免疫力不强），只要有一段时间没去了，首长就给我打电话，问有什么问题了。我说没啥事情，他说那我就放心了。老首长有时候干脆直接到我家里来，自己过来看看。老首长是我的亲人。

他是我们都非常佩服非常尊敬的老首长。确实，首长的言传身教对我们影响很大，我们这些部队战友们都牵挂老首长，只要平时有到安阳的战友，都要去首长家里看看他，可走的时候首长必须给东西，不带不行，不带就生气。

我永远是首长的警卫员。如果发生战争了，我仍然会用身体给首长挡子弹，这是我的责任。首长需要保护，他需要指挥战斗，战斗胜利需要他。现在他需要我警卫，我也会像在部队一样这么做。

我希望首长身体健康，永远快乐！

（邓彦彬：1974年入伍原162师警卫排，1980年2月退役，曾担任过王占山的警卫员。）

老英雄心系孤残儿童

彭守堂

老英雄王占山关心孤残儿童是他崇高思想的一贯表现，值得社会传承颂扬。

2003年9月10日下午3时左右，办公室的同志告诉我，安阳军分区干休所的王占山老首长带着老干部来看望咱们院里的孤儿来了，还带来了衣服、儿童玩具和食品。我立即前往会议室，看到的真是王占山副司令员和李兆贵副政委等几位老同志。我向王占山等老首长敬军礼："首长们好！几位老首长能来我们社会福利院看望这些孤残儿童，我们非常感动，也非常感谢！"我把院里的情况向首长们汇报后，王占山说："我们现在生活好了，福利院还有这样一批老人和孩子，他们也是我们祖国大家庭的成员，也要让他们过上幸福美满的生活。"我说："感谢老首长对孤残儿童的关怀！我们管理服务的都是孤残儿童，他们确实非常需要得到全社会的关爱。"王占山等老首长们到儿童部与孩子们见面了，他们抱着孩子跟自己的亲孙子、孙女一样亲切，孩子们也非常高兴。

　　离别时，王占山副司令还一再叮嘱我，你们一定要替国家照顾好这些孩子，让他们茁壮成长。我说："请首长们放心！我们一定会用爱心去温暖他们，按国家有关规定照顾服务好，让他们享受到与其他孩子一样的各种待遇。"以后每个节假日，福利院都会出现王占山老首长的身影，老首长充满社会责任感的大爱，一直影响和感动着我。

　　（彭守堂：1968年3月入伍，在陆军54集团军162师484团一炮连服役，1968年9月入党，1970年调任师政治部秘书科，1972年任管理员。1979年10月转业到安阳市民政局，2000年4月任安阳市社会福利院院长兼书记，2003年10月退二线，2009年10月退休。）

我的英雄王伯伯

覃　楠

时值中国共产党建党100周年，2021年6月29日，王占山伯伯在北京接受了习近平总书记颁授的"七一勋章"，让全国人民再次认识了这位参加过解放战争、抗美援朝、对越自卫反击战等战争，出生入死、浴血奋战、屡建功勋的老英雄。"七一勋章"是党内至高荣誉，是对共产党人不忘初心、英勇奋斗的最高奖赏，折射出他不平凡的人生历程。我们为老英雄深深地感到荣耀！看着电视上精神矍铄的王伯伯，不禁让我回想起了我们家与王伯伯一家的往事。

一　那一年，王伯伯一家救助了我的母亲

46年前的1975年，我们一家居住在安阳（河南省最北部的城市）的一个部队家属院里，那一年我上小学三年级。向来身体硬朗、干事利落的母亲不知怎么突然全身浮肿，无法下地，无法工作。辗转河南省各大医院检查，都无法确定病因。母亲无助地躺在病床上，眼睛里充满对生命的渴望和对

生活的无奈。

而此时，父亲却远在信阳（河南省最南部的城市）的武汉军区军政干校（信阳陆军学院）学习，因患眼疾，正在武汉军区总院住院治疗。

母亲一病倒，家里就剩下我和两个弟弟（分别为5岁和3岁），还有照顾弟弟的小脚保姆奶奶。3岁的弟弟每天都哭着喊妈妈，一家人的生活突然陷入了困境。

王伯伯的爱人席阿姨看在眼里，急在心里，她焦急地对王伯伯说："老王，耀清（我的母亲）也不知道得的是啥病，省里的医院都看遍了，覃明（我的父亲）住院又不能回来，这一家老小可咋整呢？咱得管管！你不是下个月去北京开会吗？能不能带耀清去北京看看病？那儿医院多应该能查得出来。"

"嗯！我想想办法。"王伯伯干脆地答应着。

接下来的半个多月，席阿姨和王伯伯忙着帮我母亲联系医院，经过多方打探，联系上了当时北京最好的医院——首都医院（北京协和医院）。

而后，王伯伯又马不停蹄地帮助母亲办理进京的证明，终于在他去北京开会前办齐了所有手续。

得知可以到北京最好的医院看病的消息，母亲泪流满面，感动得说不出话来。席阿姨拉着母亲的手说："耀清，为了孩子、为了这个家，你要坚强！孩子，我们会帮你照顾的。你要安心，别瞎想，好好治病！"王伯伯也在一旁安慰母亲道："放心吧！孩子们不会有事的，有我们吃的就有孩子们吃的，好好治病！覃明那儿我已经打电话告诉他了。"

到了北京，王伯伯先安排人协助母亲去医院办理挂号检查和住院手续，一切安排就绪后，这才匆匆赶去开会地点。

母亲6月下旬入院，检查确定病情后，很快安排在8月中旬和9月下旬，由专家白教授为母亲先后实施了两次大手术，术后病情得到了有效控制。在父亲及母亲单位同事的陪同和精心照顾下，母亲慢慢地康复着，同年的12月，母亲在我们的期盼中回到家中。

因父亲工作调动，1976年2月我们家搬离安阳迁往信阳。1983年2月又搬离信阳迁往广西南宁。虽然离安阳越来越远，但我们曾经住过的小院、一起疯玩的小伙伴，特别是给予我们如父母般关怀的王伯伯和席阿姨，都是我童年无法忘怀的记忆，深深印在我的脑海里。

1975年至2018年的43年时光里，每年年三十母亲都会给远在安阳的伯伯、阿姨拜年，七八十年代写信，之后便是电话，虽然来来回回都是那几句话，但母亲很虔诚。她总是说，她是幸运的，如果没有王伯伯和席阿姨，她早就不在了，伯伯和阿姨就是她的再生父母，这份恩情是不能忘的。

我常常在想：对于母亲，王伯伯无疑是给了她第二次生命的恩人，这份情何等深重，父母和我们这一生都无法报答。父亲在日记里描述母亲能进入首都医院治疗，是"难得和幸福的"，他用了"幸福"二字。开始我还不明白，怎么就幸福了呢？

仔细想想，当一个人身处困境，濒临绝望时，忽然远处出现了一束光，引领着你穿过黑暗，到达彼岸，给予你新的希望，这可不就是一种幸福吗？如果没有王伯伯和席阿姨在危难中伸出的援手，我们这个家早在46年前就散了！正因为有了他们的帮助，这几十年里，我们才得以在父母的陪伴下健康长大，从读书到工作，从成家到立业，一步步幸福地走到今天。

二 王伯伯的拿手菜

母亲生病的那段日子，是我们最难熬的时光。一家人身处三地：母亲在北京、父亲在信阳、我们在安阳。保姆奶奶抱着弟弟，弟弟哭奶奶也想哭，我也想妈妈，我告诉自己不能哭。那时王伯伯已调到师部工作，家也搬到了师部，伯伯和阿姨把大弟弟接到师部上幼儿园，便于他们照看，以减轻保姆奶奶的负担。席阿姨每周都会来485团家属院看我们，托人给我们送来蔬菜和肉食，也会把我们接到他们家里改善生活。

　　我是南方人，在骨子里就有些嫌弃面食，但王伯伯家的饺子却给了我很深印象。由于多年的军旅生涯，王伯伯不习家务。一次席阿姨接我们过去在家里包饺子，王伯伯挽起了袖子，一副跃跃欲试、准备大干一场的架势。有道是阵仗大雨点小，捏了半天王伯伯才包成了几个又大又丑的饺子，坐在桌边的我托着腮，一脸嫌弃地看着。王伯伯发现后，斜着眼问："丫头，嫌包得不好看？好吃就行了！就你挑！"

　　饺子上桌，我们欢呼着，只挑阿姨包的又大又漂亮的饺子吃，剩下的倒给王伯伯。王伯伯捧着碗里那破了皮趴着堆的饺子，一脸无奈。也许是为了挽回面子，"我还有拿手好菜！"他边说边跑地进了厨房，找了一棵卷筒青，剥去外皮，取其心，切成细丝，用盐揉搓去水，清水洗净挤干水分，再加入酱油、陈醋、白糖、蒜米、干辣椒丝，最后淋上麻油拌匀，一道凉菜就做成了。

　　然后，王伯伯就学着电影里店小二的样子，头上裹条毛巾，肩上搭条毛巾，手托着盘子，弯着腰一路小跑地用他那特有的唐山话吆喝道："我的菜又香又甜又酸又辣可好吃了！"上桌哄抢见底，伯伯总算挣足了面子，一副胜利者的姿态！

三　心系国之大者，居然惦记着我的小习惯

　　2015年8月底，我陪父亲到郑州、安阳、西安、延安旅

游，27日到达安阳，王伯伯到车站接车。下了车，看到王伯伯虽然不穿军装了，但身板还是那样笔直，我拉着他的胳膊笑道："老爷子！还那么帅啊！"王伯伯笑呵呵地盯着我说："老头儿了，帅个啥呀。丫头儿，长胖了！"我嘟着嘴说："我哪里胖了？您应该说丫头儿你咋还那么漂亮呢！"

一行人笑着相拥着上了车，到了伯伯家，抱着席阿姨一阵寒暄。晚饭已经准备好了，席阿姨说是自家人，在家里吃舒服、好说话。可不是嘛！多年前我们就是一家人了。

席阿姨把忙了一下午准备的荤菜、素菜、卤菜摆了一桌，馒头、稀饭、米饭分放在餐边柜上。"等等，还有我的菜！"王伯伯说着转身进厨房去做他那道精品菜肴，因为季节的原因，食材只能由卷筒青改为黄瓜，但味道依然是那个味道，出场招式依然是那个招式，这已经成为我们相聚时最欢乐的保留节目。

在唐山话"我的菜又香又甜又酸又辣可好吃了"的吆喝声中，我们围桌坐下。伯伯看着我说："丫头儿，你不吃面食，我让你阿姨给你焖了米饭。"我忽然鼻子一酸，眼圈一热，是什么样的情感，让一个战功赫赫、不习家事的老英雄，记得儿时我不喜面食这件小事？这漫长的40年里，在他心中，我是不是也是他喜爱的小棉袄？

四　革命情谊，源于两个苹果

受485团领导之邀，王伯伯、田景荣伯伯、我父亲、我，还有从湖北襄阳及广西南宁过来的几个发小姐姐，一同前往参观团荣誉室和新式武器展示场。

父辈们在谈论各连的辉煌历史和他们奋斗的历程，我们则在谈论小时候的趣事：谁家的孩子偷吃了连队喂马的豆饼，谁家的孩子下河抓鱼被老爸关了禁闭。

从485团参观回来，父辈们兴奋异常，晚饭后，开了个西瓜坐着聊天，我们几个晚辈也围坐着。

王伯伯显得非常开心，打开了话匣子，他说最早认识父亲是在朝鲜的金城反击战。

那时父亲由团部文化教员调到营部战勤组，负责宣传、送弹药、运伤员、埋烈士，战后参与写英模材料。

一天，父亲给王伯伯所在的阵地送弹药，他把自己分到却舍不得吃的两个苹果揣着送给了王伯伯。战场上没有水，王伯伯他们靠这两个苹果，坚持了两天。父亲笑着说："我是看你王伯伯那么大的个子，没有东西吃、没有水喝怪可怜的，可怜他呗！"

大家都知道，战场上每个战士每天得到的食物配给是定量的，也许那两个送出去的苹果，就是他们友谊的开始吧。

"伯伯，你们在战场上那么苦那么难，没吃没喝，又缺乏弹药，是什么支撑着你们坚持下去的？"我问。伯伯回答："丫头，那个时候我们想的都很简单，坚守阵地，人在阵地在！我是共产党员又是干部，就应该冲锋在前，退却在后！就是为党牺牲了也无比光荣。"

这就是王伯伯他们那一代的老一辈共产党人，为了赢得民族独立和人民解放，前赴后继、浴血奋战，生动演绎了中国共产党人的坚定信仰、崇高精神，用坚守诠释忠诚。

"我19岁入党，覃明也19岁入党，20岁他当指导员时又瘦又小还像个孩子，那些老兵调皮叫他什么娃娃指导员……"老战友们继续聊着越说越兴奋，把那段艰苦的岁月说得津津有味，如同一段幸福往事。

20世纪60年代末期，他们在一个营，一个任营长，一个任教导员，创建了四个好连队；70年代初，到了团部，一个任团长，一个任副政委。十几年的合作，相互辅助，相互济困；几十年的友谊，互相关爱，互相惦念。老了，他们仍可以开心地攀着肩膀，回首往事，促膝长谈，展望未来。

"我是共产党员又是干部，就应该冲锋在前，退却在后！"这段话时常在我脑海里浮现着，王伯伯辉煌经历和人格力量，留给我的不只是回忆，更多的是昂扬向上、不屈不挠的斗志。激励我们循着先辈的足迹，赓续传承红色基因，并将其融入血脉、刻进肌肤，积极投身所从事的事业当中，创造新的成绩。

（覃楠：覃明之女，广西财经大学教师。覃明同志是原54军485团副政委，1934年12月出生，广西博白县人。1950年12月参军，在王占山当营长时作为教导员和王占山搭班子工作，两人情如手足，工作配合默契。1982年12月转业到广西经济管理干部学院工作。中共党员，大学本科学历，副教授。2021年4月在广西南宁逝世，享年87岁。）

图书在版编目（CIP）数据

　百战老兵：王占山口述史／王占山口述；齐峰编
撰 . --北京：社会科学文献出版社，2024.4
　ISBN 978 - 7 - 5228 - 3289 - 0

　Ⅰ. ①百… 　Ⅱ. ①王… ②齐… 　Ⅲ. ①王占山 - 自传
Ⅳ. ①K825. 2

中国国家版本馆 CIP 数据核字（2024）第 040151 号

百战老兵
——王占山口述史

口　　述／王占山
编　撰／齐　峰

出 版 人／冀祥德
组稿编辑／许春山
责任编辑／刘　荣
责任印制／王京美

出　　版／社会科学文献出版社（010）59367068
　　　　　地址：北京市北三环中路甲29号院华龙大厦　邮编：100029
　　　　　网址：www. ssap. com. cn
发　　行／社会科学文献出版社（010）59367028
印　　装／三河市东方印刷有限公司

规　　格／开本：787mm × 1092mm 　1/16
　　　　　印 张：14. 25　　插 页：1　　字 数：122 千字
版　　次／2024 年 4 月第 1 版　2024 年 4 月第 1 次印刷
书　　号／ISBN 978 - 7 - 5228 - 3289 - 0
定　　价／68. 00 元

读者服务电话：4008918866